『区域经济现实问题研究』

区域创新差异

变动趋势与影响因素

王志高◎著

RESEARCH ON THE TRENDS AND INFLUENCING FACTORS OF REGIONAL INNOVATION DIFFERENCES

图书在版编目（CIP）数据

区域创新差异变动趋势与影响因素／王志高著．—北京：经济管理出版社，2019.10
ISBN 978-7-5096-6324-0

Ⅰ．①区…Ⅱ．①王…　Ⅲ．①区域经济—国家创新系统—研究—中国　Ⅳ．①F127

中国版本图书馆 CIP 数据核字（2019）第 281336 号

组稿编辑：王光艳
责任编辑：魏晨红
责任印制：黄章平
责任校对：王纪慧

出版发行：经济管理出版社
（北京市海淀区北蜂窝 8 号中雅大厦 A 座 11 层　100038）
网　　址：www. E-mp. com. cn
电　　话：（010）51915602
印　　刷：唐山昊达印刷有限公司
经　　销：新华书店
开　　本：710mm×1000mm ／16
印　　张：11. 75
字　　数：204 千字
版　　次：2019 年 10 月第 1 版　　2019 年 10 月第 1 次印刷
书　　号：ISBN 978-7-5096-6324-0
定　　价：68. 00 元

联系地址：北京阜外月坛北小街 2 号
电话：（010）68022974　　邮编：100836

前　言

党的十九大报告提出：我国经济社会主要矛盾已是“人民日益增长的美好生活需要和不平衡不充分的发展之间的矛盾”；为此，2019 年习近平总书记主持召开中央财经委员会第五次会议强调促进区域协调发展，要按照客观经济规律调整完善区域政策体系，发挥各地区比较优势，促进各类要素合理流动和高效集聚。

这说明我国区域之间的经济发展不协调，特别是区域经济发展的效率差异依然较显著，如以 2018 年为例，全国人均 GDP 为 6. 45 万元，其中人均 GDP 最高的省份为 14. 02 万元；人均 GDP 最低的省份为 3. 13 万元，最高的省份是最低省份人均 GDP 的 4. 47 倍，经济差距依然较大，但相比 2012 年的 4. 73 倍则有所减小。同时从 GDP 增速观察，2018 年全国平均经济增速为 6. 5%，贵州和西藏以 9. 1%的增速并列第一，天津的经济增速垫底，为 3. 6%。因此，就部分中西部省份而言，发展仍然是欠发达地区的第一要务，需要保持较快的发展速度。

对于如何引领发展，习近平总书记指出“创新是引领发展的第一动力”，抓创新即是抓发展，谋创新即是谋未来。因此，当前中国经济新常态的特点之一是“从要素驱动、投资驱动转向创新驱动”，这也说明我国之前在很长一段时期的经济增长是靠劳动力、资本、土地、环境资源等投入，但从要素驱动转变为创新驱动的过程是长期且是艰巨的，同时我国各地区创新发展的差异化程度更为巨大，如 2018 年北京每万人专利申请数为 98 件，而西藏每万人专利申请数为 4 件，北京的专利申请数是西藏的 23 倍；2018 年北京的专利授权数更是西藏的 26 倍。因此，欠发达地区不仅经济发展相对滞后，同时其创新能力的差距也更大，可能的原因是欠发达地区的贫困限制了当地人们的想象力与创新能力。据此，一项关于微观个体层面的研究给出了答案。2019 年，Bell 等在美国《经济学季刊》发表的关于美国创新人才成长的影响因素的研究表明：出生在收入居前 1%的富有家庭的孩子成长为发明家的概率是中低收入家庭孩子的 10 倍，因而，相比天资的聪慧，后天成长环境对创新能力的影响可能更显著，这可能是许多出生在相对贫穷家庭的孩子没有接触技术创新的机会。

因此，助推欠发达地区的经济快速发展和实现更加包容的发展，为创新能力的提升储备了基本条件，而我国的“精准扶贫”和对贫困地区弱势群体的帮扶，特别是近年来教育领域的扶贫扶智工作的开展，无疑能够提升弱势区域的创新发展能力。

在宏观层面，推动区域创新或阻碍区域创新的因素有很多，例如人才因素、资金因素、观念因素与制度因素等，同时创新的未来收益充满不确定性，当人们为创新需要走出自身熟悉的空间、割舍既得的利益时，这可能是比较困难的。但当以往的生产方式与体制机制成为生产力进一步发展壮大的障碍时，被迫式的技术创新和社会改革就会发生。而主动创新则需要利益牵引，超大规模的市场会为其提供重要条件。特别是近年来我国消费市场规模已位居世界第二，我国自主创新的步伐随之加速，但各地区在创新驱动发展进程中的反应不一及成效不同。

因此，本书从时间与空间两个角度来观察和理解我国区域创新差异的变化趋势，并从理论与机制上探讨创新与经济发展之间的关系及创新发展的动态差异。首先，探讨创新投入与创新产出的区域差异变动趋势。其次，从创新投入角度探讨创新知识在空间溢出及跨期溢出效应下，财政收入对地区 R&D 总投入、税收减免对地区企业创新投入等的空间关联影响，以及市场规模大小对地区企业新产品研发投入与流程创新投入之间的选择影响。最后，从创新产出角度研究知识的空间溢出、本地化的市场规模、对外贸易、电子商务、互联网等因素对地区创新产出的影响。

本书得出以下主要结论：

首先，经济发展的地区差异与创新产出的地区差异存在格兰杰因果效应，但从人均经济产出到创新投入再到创新产出是有不同的时间滞后性的。从人均创新投入地区基尼系数的减小到人均创新产出地区基尼系数的减小存在 5 年时滞期。

其次，从创新投入角度，通过构建含有差异化税率与创新补贴率的空间经济学模型，得出：创新知识的空间溢出效应、跨期效应有助于降低区域经济发展差异；而不同地区的企业税率与创新补贴率将改变创新投入与产出的空间地理格局。通过统计分析与空间计量检验均得出：大市场地区偏好产品创新，小市场地区偏好流程改善。各地区的财政收入水平、人力资本素质、贸易水平、最终消费市场的大小及交通便利状况都将推动本地区总体创新投入增长；但其他地区的财政收入、最终消费市场规模等对本地总体创新投入具有负向效应。

最后，从创新产出角度，通过将过程创新、产品创新内置于异质性企业的空间经济学模型，并以空间竞争、市场规模、知识溢出等刻画我国创新产出的区域差异的形成过程，主要得出：人口规模越大、区际贸易壁垒越小，越有利于新技术推广。同时以 SAR、SAC、SLM 等静态空间面板模型与动态空间面板模型对我国 31 个省份数据进行计量分析，主要得出：各地区的新产品销售收入存在显著的空间竞争效应，各地区人力资本素质对其他地区的新产品销售收入具有显著正向溢出效应；此外电子商务市场的发展既对本地区新产品销售收入的增长具有正向影响，同时也对其他地区新产品销售收入增长具有正向推动作用；互联网对各地区企业专利产出具有同等效果，但企业专利产出自身表现出较强空间竞争效应。

总体来看，我国国土面积广阔，所以创新中心应当是多中心、多层次的，既有全球性、全国性的创新中心，同时也有区域性创新中心，而且不同的创新中心之间既存在竞争，又存在协作，但其最终目标是要服务于国家创新发展这一全局。

目　录

第❶章 导 论

1.1 研究背景与研究问题

竞争中的丛林法则普遍存在于经济、文化等社会各个领域。为在竞争中胜出，人们要想尽方法，竞相创造与创新；同时一些竞争者在竞争过程中也产生负向外部性，如美国总统特朗普通过退出已签署的《巴黎气候协定》、放松环境保护约束以及给企业大幅减税等手段来提高美国企业的国际市场竞争力，这将对世界其他国家产生负向外溢。那种为在竞争中胜出而积极进行的创造与创新，提高了社会经济发展效率。习近平总书记在党的十九大报告中提出“创新是引领发展的第一动力，是建设现代化经济体系的战略支撑”。与此对照，中国改革开放的 40 多年，既是中国国家实力与竞争力持续增强的 40 多年，也是技术引进与持续学习的 40 多年，更是技术创新、制度创新、文化创新、组织创新、理论创新等各种创新续写中国经济腾飞传奇的 40 多年，从银河一号巨型计算机到“墨子号”量子卫星通信，从 1986 年 3494 件国内发明专利申请到 2017 年 1381594 件国内发明专利申请①……

40 多年持续不断的经济市场化改革与市场竞争机制引入，提升了整体经济效率，因此经济总量快速增长，国力大幅提升，人民的生活水平变得“富起来”，我国经济社会的主要矛盾也由“人民日益增长的物质文化需要同落后的社会生产之间的矛盾”转化为“人民日益增长的美好生活需要和不平衡不

① 2017 年，我国全社会 R&D 支出占 GDP 比重为 2.15%，超过欧盟 15 国 2.1%；发表国际科技论文总量居世界第 2；发表的国际科技论文被引用量超越德国与英国，位居世界第 2；国内发明专利申请量及授权量居世界第 1；有效发明专利保有量位居世界第 3。

充分的发展之间的矛盾”。从区域角度来看，我国经济发展的不平衡性不仅体现为东、中、西或东、中、西、东北地区之间的经济发展差异，而且出现了经济增长的“南快北慢”等新特征（盛来运等，2018）。为解决中国经济发展的区域不平衡性问题，在新中国成立早期计划经济时代，中央政府以政府投资决策主导“老三线”经济建设；在新中国成立 50 年后的社会主义市场经济时代，中央政府先后出台西部大开发、东北振兴计划、中部崛起与东部率先发展等地区发展战略规划，试图以政府引导加市场主导的方式来抹平区域经济发展差异。而创新是影响地区经济未来发展的最重要变量，也是当今社会的时代主题，伴随我国总体创新能力的提升和各种区域空间发展战略的实施，我国各地区的创新能力发展是走向更加平衡态势还是更加不平衡态势？也即区域创新能力差异是呈扩大趋势还是呈缩小趋势？

随着我国劳动力等生产要素成本上升、各产业经济发展向产业边界前沿靠近，西方发达经济体不仅加强前沿产业技术、高科技技术与高科技产品出口至我国的限制，如瓦森纳协定等；还加强审查我国对西方国家高科技企业的投资并购，并以经济安全为由阻碍我国以投资并购等方式获得产业前沿技术，如美国政府禁止中国企业占 25%以上股权的公司在美国收购其认为涉及“工业重要技术”的公司；同时西方发达国家在国际上加强对我国的知识产权侵权行为的起诉。而我国政府出于建设良好创新环境的需要，最高人民法院在 2018 年 1 号文《关于充分发挥审判职能作用为企业家创新创业营造良好法治环境的通知》中强调，提高知识产权侵权赔偿标准，建立知识产权惩罚性赔偿制度，依法保护企业家的知识产权，我国也将与美国在知识产权保护领域展开合作。因此，今后我国企业无论是模仿还是购买技术的成本与难度都越来越高，因而在更开放的环境下更大程度地进行自主创新与创造性发展就成为我国产业发展的必然选项和最紧迫的经济任务，特别是 2018 年 4 月，美国政府暂停高通等高科技公司对我国中兴通讯公司的芯片供应，给中兴通讯公司造成较大的经济损失，这坚定了我国政府与企业攻克工业制造关键技术与核心技术的决心。而为适应关键技术与核心技术自主创新、产业转型升级发展的需要，我国各地区、各城市不断加大对优质生产要素的争夺，不断出台各种人才优惠政策与新兴产业发展补贴政策。在人才争夺方面，自 2017 年以来，几乎所有的二线城市，包括成都、杭州、南京、武汉、天津、西安、重庆、济南、青岛、沈阳、长沙、大连、厦门、无锡、福州等，都出台优厚的人才政策，争先恐后地参与“人才争夺战”，如武汉提出“支持百万大学生留汉创业就业”，济南发布“人才新政 30 条”，长沙则有“人才新政 22

条”，南京施行《人才安居办法》，成都提出“蓉漂计划”……在产业政策方面，各地方各种众创空间蓬勃发展，而优先发展的新兴产业都集中于人工智能、大数据、机器人、基因治疗、生物医药、移动互联网、区块链、云计算、物联网等产业。总体上呈现为相对欠发达地区正加速发展、创新发展与跨越式发展，以土地价格等生产要素成本低廉为产业发展吸引力，力图发挥后发优势；而相对发达地区也从未停滞不前，不断进行“腾笼换鸟”、推动产业转移与产业结构升级，在与欠发达地区竞争中，全面展开对新知识、新技术、新业态、新产业的竞夺。在这一场竞夺中，因发达地区具有较强的本地市场规模、较多的本地财政收入、相对较好的人力资本和较高的企业生产率水平，似乎会拉大与欠发达地区在创新发展方面的差距。那么在新一轮创新发展中，欠发达地区能否赶超发达地区？创新影响未来各地区经济发展能力，因此进一步地说，这也是要探寻哪些因素造成了地区创新差异。

创新需要市场与政府的共同努力、激励与培育。在国家创新战略体系中，科学研究与技术创新处于核心地位，而科创成果在公共经济学中则属于准公共产品的范畴，既具有一定的竞争性，同时又具有一定的非排他性。其具有竞争性主要有以下方面的原因：其一，一个社会资源总量在特定时期是固定且稀缺的，用于自主创新的科研资源与当期用于直接生产活动的资源之间需要比较权衡，这就决定用于科技创新方面的总体资源是有限的，由此科研的基础设施、科研经费的投入也是有限的，能够发现新规律、新思想、创造新产品等科学成果的人才也是稀缺的。一个社会总是把最具有科研能力的一批人投向科研领域，掌握最好的科研资源，同时从事科学研究的科技人员之间也存在着激烈的竞争。其二，从科研自身来看，科学研究既有面向当期的应用研究，应用研究力图在中短期内能够产生直接效益，增加社会福利；也有面向未来的基础研究，基础研究不能在当期产生效益，其未来效益的多少取决于未来社会的利用情况，而对其未来的应用价值则是难以进行预估的，所以对其投入多少在实践中取决于当期决策者的偏好与远见。但是如果没有现在的基础研究，诸如数学、物理、信息论等学科的新方法、新技术、新见识、新思想、新观念的形成，就不会有未来的应用研究和社会变革，未来也就失去了可改变的空间，任正非①、马化腾②等认为，我国的一些科

① 任正非：人工智能基础算法与算力，中国依然薄弱［EB/OL］. http：//www.guancha.cn/TMT/2018_04_06_452841.shtml.

② 马化腾：加大投入做好基础科研，才能具备真正实力［EB/OL］. http：//tech.sina.com.cn/roll/2018-05-27/doc-ihcaqueu7840565.shtml.

技应用已领先全球，但基础研究还相对薄弱。因此一个社会应在基础研究与应用研究的资源配置上进行权衡，基础科研与应用科研之间也存在一定的资源竞争。其三，为鼓励知识再创，人们通过设立知识产权法来给予知识创造者知识权益，禁止其他人的剽窃等行为，从而使特定的知识在一定时间内具有排他性，这种排他性带来竞争性。但是科技的研究成果也具有一定的非排他性，首先，科技研究成果的应用场景在事前是无法预知的，人们没法预料万维网的发明者所带来的创新给全世界的社会经济、文化生活等带来的巨大影响。其次，技术本身会随着技术掌握者的传授、技术交流、公司内部技术知识员工的离职再创业、科学家等高技术能力型知识分子的移居等而发生先进技术与知识的扩散，享誉国际的《科学》《自然》等科学论文杂志以编码化的方式推动最前沿科学技术知识在全球扩散。因此科技研究又具有公共产品属性（Jaffe，1986）。在任何一个社会，科技研究和技术创新都由两个部门合力完成，其一是公共部门（政府部门和富有阶层的公众慈善基金），重点是对基础研究进行支持以及对重大创新发明进行奖励等；其二是私人部门（企业部门和私人投资基金），重点是成立技术研究创新部门，对已有的基础研究进行应用层面的发明创造与创新，获得中短期的创新效益。但是，由于我国民间慈善事业不发达，绝大部分的基础研究的资金支持都来自政府部门，此外，我国政府部门还对企业部门的技术创新予以支持，如对高新技术进行认证并给予技术研发的补贴、税费的减免等，这一部分支出占用我国科技创新支出中的绝大部分。同时也导致部分企业骗取科研经费等不端行为。因此，如何处理创新发展过程中的市场之手与政府之手的关系就显得尤为重要，既要防止创新投入产出过程中的“市场失灵”，也要防止“政府失灵”。那么政府在创新投入的配置过程中应当如何起作用？政府该如何进行研发补贴？政府的财税行为对创新资源的区域配置将产生怎样的影响？

近年来我国进一步扩大对外开放，更深度地融入世界经济发展，我国已与231个国家和地区建立贸易往来关系，2017年贸易总额已达27.8万亿元人民币；且截至2018年9月，我国已与25个国家及地区达成17个自贸协定；同时我国与自贸伙伴之间的贸易投资额及占比稳步提升，总体贸易成本呈下降趋势。进一步扩大经济开放将有助于创造新财富，而思想开放也有利于创造新思想、新产品。就企业创新而言，可分为两种创新形式：一种是产品创新，另一种是工艺、流程、组织模式等创新。以往的一些研究如Swati Dhingra（2013）认为，随着双边或国外关税的降低，出口商更有可能参与流程创新。大型出口商增加产品创新，而小型出口商和非出口商减少产品创新。这也就是说，不同类型的企业随着市场扩张在产品创新与流程创新之间存在权衡。由于我国各地区经济发展差异较大，地区间的贸易壁垒依然存在，国内市场一体化建设依然道远且长，处于不同地区的企业所面临的本地市场规模的大小存在着差异，那么这将如何影响企业在产品创新与流程创新之间进行选择？同时我国进一步扩大开放战略又将如何塑造我国的创新地理版图？

以数字经济、新一代人工智能、知识经济等为标签的新一轮产业革命正在或将在我国及世界各地蓬勃发展，人们正迈步进入“互联网+”“人工智能+”“大数据+”“区块链+”时代，信息化、虚拟化、数字化、人工智能化已经开始影响人们的生产生活，如在美国，被公认为最好的数学基础教育不是贵族学校，而是免费在线开放的教育平台——可汗学院；投资银行巨头——美国高盛公司开始宣称自己是高科技公司，并正以人工智能逐步替代传统高薪职位——金融分析师。区块链具有去中心化特征，而人工智能也正影响人们的创新，Cockburn（2018）指出，掌握数据和算法的企业及个人的创新产出可能更多。那么，新一代信息技术、新一代人工智能能否缩小区域创新差异？

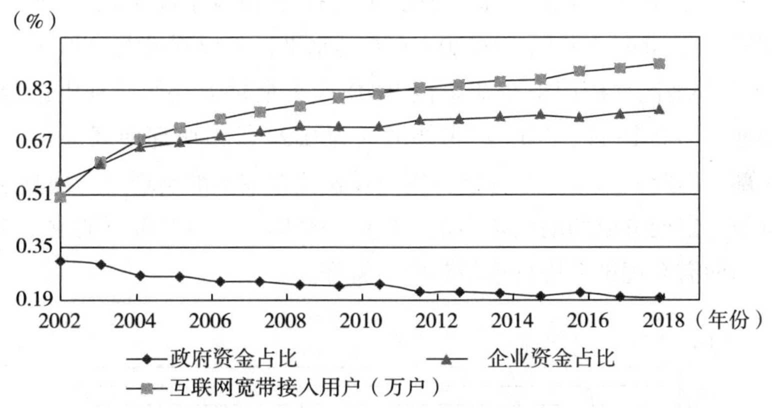

图 1-1　R&D 经费支出中的政府资金占比与企业资金占比及互联网宽带接入用户变动趋势

注：互联网宽带接入用户曲线是以 100000 为底数转换我国相应年份互联网宽带接入用户数所得。

资料来源：《中国统计年鉴》（2018）等。

图 1-1 显示了我国 R&D 经费支出中政府力量与市场力量的此消彼长的变动趋势，以及我国互联网发展状况。

1.2 研究意义

第一，以往的研究结论与我国近年来经济发展的实际不相符。如世界银行2009年的报告《重塑世界经济地理》的结论显示，当一国的人均GDP达到3500美元时，这种空间上的不均衡（集聚）趋势会逐渐增强，一直到人均GDP介于10000美元至15000美元之间，空间上的不均衡趋势才会逐渐缓和。因我国2010年的GDP仅为4384美元，一些学者做出未来20年中国的经济和人口向东部进一步集中的判断。但是，实际上东部地区的专利申请、授权份额等指标则自2010年以来呈现下降趋势，而非加速集中态势，区域创新差异有所缩小；如观察我国首位城市上海GDP占全国GDP的比重，总体趋势并不是呈上升趋势，2005年，首位城市上海GDP占全国GDP比重为4.8%，但到2016年，上海GDP占全国GDP的比重为3.8%，相较2005年的GDP份额下降1%；而相对于新中国成立初期上海GDP占我国总体20%左右的水平，降幅则更大（见图1-2）；再如2011年东部地区规模以上企业单位R&D人员全时当量的专利申请数为0.22件，西部地区为0.16件，2015年东部地区为0.24件，西部地区为0.28件，西部反超东部。因此，从单一指标进行判断及预测存在不准确现象，预测结果也缺乏现实价值。集聚形成的动因是多重，任何一个因素的改变都可能改变原先的集聚状态，因而需在理论上进行重新刻画与解释。

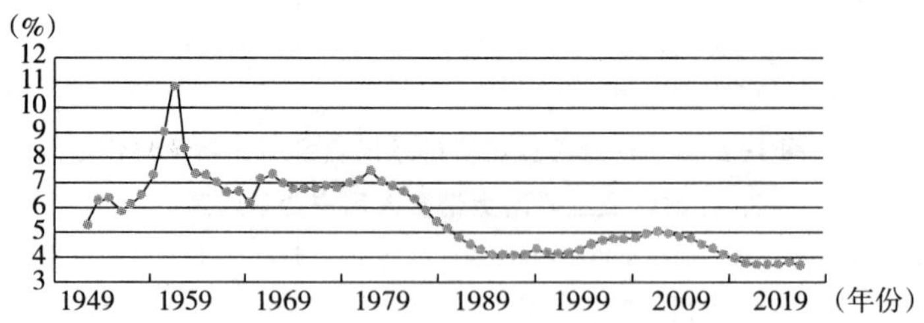

图1-2 我国首位城市上海GDP占全国GDP的比重变动趋势

资料来源：《新中国六十年统计资料汇编》、2010~2017年各年《中国统计年鉴》，2018年1月发布的全国统计公报和上海统计公报。

从首位城市 GDP 比重来分析，《重塑世界经济地理》中的观察只与我国 1989~2005 年的经济实践吻合。但我国首位城市 GDP 比重整体呈现下降的趋势。

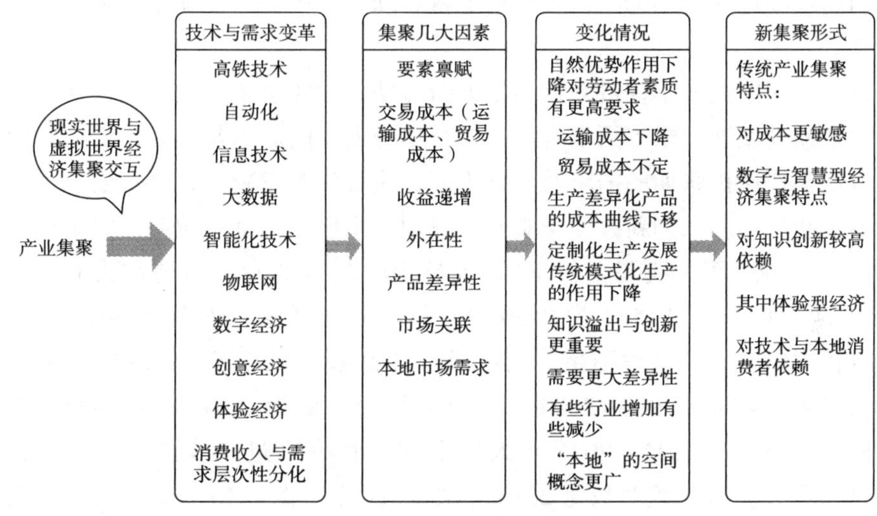

图 1-3　产业集聚的新变化①

资料来源：笔者绘制。

第二，我国经济地理的历史方位发生改变。自 2013 年习近平总书记提出“一带一路”倡议以来，我国在东南亚、南亚、中亚、西亚、非洲和东中欧等国家的基础设施建设、“一带一路”沿线国家的互联互通正逐渐改写中国的经

① 产业集聚变化：首先，由互联网、区块链等技术虚构的网络世界与现实世界并行存在，现实世界与虚拟世界都发生集聚并产生交互作用，深刻影响着经济运行与发展。其次，在技术层面，随着我国高铁技术的发展和大规模运营，时空得以压缩，人类的交流方式发生较大改变，以往基于要素禀赋（自然优势、劳动力禀赋）、交易成本、收益递增、外在性、产品差异性、市场关联、本地市场需求（梁琦，2004）也发生较大改变，因交通运输技术的进步，运输成本快速下降，自然优势和要素禀赋作用下降，全球化的历史性趋势使得贸易成本下降（关税、大型油轮等）。智能化的生产使得差异化生产曲线下移，但同时也带来供给曲线的下移，使得生产小型差异化产品不再那么昂贵，规模化生产的作用下降。因知识经济的发展，外部性的技术与知识溢出的作用在增强，生产的产品需要有更大的差异性，同时模块化生产与互联网的发展，使得有些产业的市场关联得到增强，而有些市场关联则减弱（市场关联指的是上下游厂商之间市场供销关系，也指生产到市场之间的关系）。但是不管怎样，本地市场需求中的“本地”的空间概念更大。就产业而言，我们将生产方式分为两种：一种是基于标准化生产的传统生产方式，其对成本有更高的敏感度，成本上升，产业容易发生转移（如服装的生产车间）；另一种是基于新知识的创新型生产方式，其对知识溢出有更高的依赖。随自动化与智能制造的深入渗透，会转变为基于机器自动化生产的机器集群形态和基于创意、知识创造形态。

济贸易地理格局以及创新地理格局。以成都、重庆、昆明、西安、乌鲁木齐等连通欧亚大陆的陆上交通大枢纽正快速形成，我国多边分布的均衡化经济地理格局已初步呈现，其内在含义是我国新的经济增长中心和创新中心正逐步形成，因而理顺这一时期的经济发展情况将有助于我国进一步优化创新资源的配置效率。

第三，我国经济不仅进入创新发展新时期，同时也步入老龄化社会，银色经济迎来蓬勃发展，未来更多老龄人口及单身人口的需求及偏好，都与我国以往人口规模快速扩张期的需求及偏好不同，这必然引发新一轮财富创造及创新动能的空间变动。从创新方面来观察，我国自主创新基础虽薄弱，但正进入创新加速期。2005 年，我国单位 R&D 人员全时当量的专利申请数为 0.28 件，2010 年为 0.43 件，2015 年为 0.70 件，创新氛围活跃，创新效率明显提高。但同时我国新增人口动力不足，人口开始老龄化，我国 1978～1990 年人口平均增长率为 1.44%，1990～2000 年人口平均增长率为 1.04%，而 2000～2010 年则降为 0.57%，2011～2016 年人口平均增长率则进一步降为 0.52%，且 2017 年全年出生人口绝对数比 2016 年减少 63 万。我国 15～64 岁的劳动人口数量在 2013 年达到峰值 10.06 亿人，但在之后的 2014～2016 年，每年以 100 万人的规模递减，2017 年则比 2016 年减少 431 万人。适合婚育的单身人口规模增加等因素导致新增人口不足以抵减劳动人口规模的减少，人口预期寿命的增加，加速人口老龄化，例如 2017 年辽宁省高龄老年人口急增，60 周岁及以上户籍老年人口占总人口比例达到 22.65%，已步入深度老龄化社会。当然人口老龄化本身也给我国创新发展带来挑战①；而新增人口的不足也可能意味着未来创新和投资的不足，此外不同地区的人口自然增长率、学习偏好、风险偏好等都会呈现差异，这些都将重塑我国的创新地理空间。

第四，我国的科研经费已居世界第二，并可能在不久的将来位居世界第一，庞大的科研经费为创新驱动发展战略提供有力支撑，但我国的区域发展依然不平衡，而具有高学历、高科技知识的科学工作者、工程师的区域分布更不均匀。技术的发明不仅需要灵机一动的顿悟，更需有严谨的科学知识和新的科学发现。正因如此，人才因素在创新体制中具有重要作用和影响力，而人才

---

① 量子物理学家马克斯·普朗克在其科学自传中说："一个新的科学真理取得胜利，并不是因为它的对手被说服，由此恍然大悟，而是因为它的对手最终死亡，而熟悉它的新一代成长起来。"（转引自：Thomas Kuhn，The Structure of Science Revolutions.，也转引自［美］格雷戈里·蔡汀．证明达尔文——进化和生物创造性的一个数学理论［M］．陈鹏译，刘钢审校．北京：人民邮电出版社，2015。）

分布往往不均，进而导致创新发展能力分布不均，拉大地区之间的收入差距；同时一些研究也表明，生产要素的过度集中可能会导致效率下降（Gardiner 等，2011；Cerina 等，2014）。因此进一步理顺创新支持与区域均衡发展的关系，对我国区域的平衡发展、协调发展与联动发展具有重要而显著的意义。

第五，面对世界经济形势的复杂多变和中国经济发展所面临的增长困境，创新成为经济发展的新动力，分析区域创新差异变动的新趋势与新特点，探讨在创新知识具有空间溢出及跨期溢出效应下，影响创新投入与创新产出区域差异的因素，将为我国各地区在新一轮创新发展中能否从不平衡走向相对平衡、如何缩小区域创新差异等问题提出具有重要参考价值的建议。

1.3 研究内容

第 1 章主要介绍研究背景与研究问题、研究意义、研究内容、研究方法、研究思路、理论基础及理论框架等。

第 2 章主要是对有关创新及创新地理的文献进行回顾，主要涉及创新的定义、知识溢出、知识溢出的本地化、知识空间溢出的计量、基于知识空间溢出的新经济地理与增长理论、创新中心的形成与转移、技术创新过程中的“市场失灵”及创新的计量等。

第 3 章对区域创新差异变动趋势进行初步分析。首先基于空间经济学的理论框架分析创新要素（研发人员）的增长与地区配置等对产出份额、消费支出份额的影响；且说明人口增长率对产出份额、消费支出份额的影响是依赖于其他因素的改变。其次以基尼系数对区域创新差异变动趋势进行分析，探讨我国总体创新投入与创新产出的区域差异变动趋势；而与之对照，同时分析我国典型省份内部各城市之间的创新投入与创新产出的差异变动趋势。最后探讨人均 GDP 地区基尼系数、人均创新投入地区基尼系数、人均创新产出地区基尼系数之间的格兰杰因果，并从基尼系数角度分析创新投入到创新产出之间的时滞效应。

第 4 章主要考察我国财政分权下创新投入的区域差异。首先基于新经济地理与经济增长的框架，分析不同地区的异质化的税率与创新补贴率对企业创新地理格局影响。其次采用 SAR、SDM、SAC、SEM 的固定效应模型，随机效应模型、Tobit 模型等多种空间面板计量方法，分别构造以地理距离为基础的空间权重矩阵和以地理空间毗邻为基础的空间权重矩阵，实证研究各地区的财政收入水平、人力资本素质、对外开放水平、最终消费市场规模大小、互联网发展水平、交通运输发展水平等对本地区总体创新投入的影响，以及其他地区上述因素的空间关联影响与空间竞争效应。最后以各地区规模以上的企业创新投入以及各地区的企业 R&D 经费内部支出、新产品开发经费支出、技术获取与技术改造经费支出进行稳健性计量检验，分析各地区本地市场规模大小、对企业技术开发的税收减免水平、人力资本水平、出口贸易水平、互联网发展水平的影响及其他地区上述因素的空间关联效应。此外本章进一步采用空间计量与分位数回归计量等方法分析大市场地区与小市场地区在产品创新与流程创新方面的偏好差异，见图 1-4。

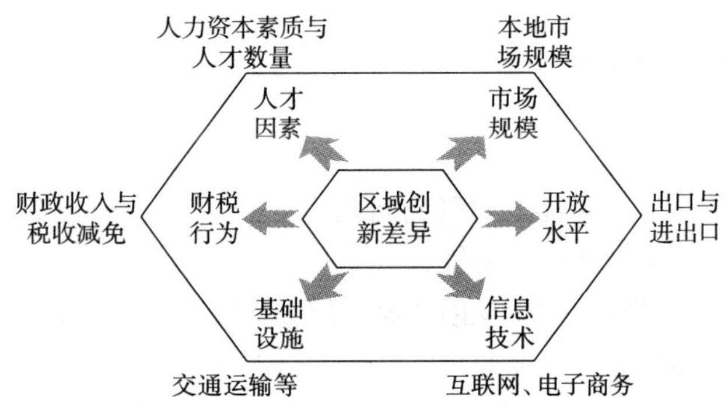

图 1-4　本书重点考察影响区域创新差异的六大因素

第 5 章研究空间竞争下创新产出的区域差异。首先基于异质性企业模型的分析框架，进一步探讨人口增长率、知识溢出的跨期溢出程度等对创新产出的影响，以及对新技术的选择决策等。其次采用 SAR、SLM 的固定效应模型、Tobit 模型等多种静态空间面板与动态空间面板模型进行计量检验，实证研究各地区的本地市场规模、产品市场规模、人力资本、创新投入、对企业技术开发的税收减免、出口贸易水平、电子商务市场规模等因素对各地区规模以上新产品销售收入的影响，以及其他地区上述因素所带来的空间关联效应与空间竞合关系。最后以各地区规模以上企业的专利申请数为被解释变量进行稳健计量，探讨研究本地市场规模、创新投入、互联网发展水平等因素的影响，以及其他地区上述因素的空间关联影响。此外本章还分别从各因素的相对水平（各地区相应指标值占全国的比重）指标与绝对指标（各地区相应指标的绝对数额）进行空间计量检验。

总体而言，就影响区域创新差异的因素而言，本书从创新投入与创新产出两个角度，探讨人才因素、市场规模、开放水平、财税行为、信息技术、基础设施六大因素的影响。

1.4 研究方法

1.4.1 基本分析技术

数学演绎。本书主要通过构建数学模型，并通过严谨的数学分析方法证明不同变量之间的关系，承接和继续发展 NEGG（新经济地理与增长）理论的相关模型，并在中国特色场景之下进行应用。就创新的数学表达而言，本书使用 Romer（1990）、Grossman 和 Helpman（1991d）等人的多样性及产品品种内生性增长为范式的横向型创新（主要在第 3 章、第 4 章、第 5 章中使用）。本书在第 3 章中证明创新部门的投入份额、创新产出份额与制造业部门生产份额之间的内在逻辑关系，证明要缩小人均收入或人均产出的区域差异，那么缩小区域创新差异是必要的。但在市场经济的条件下，区域创新差异可能有扩大的趋势。因而本书在第 4 章中论证各地区差异化的税收及补贴如何有助于缩小区域创新差异；第 5 章则进一步证明本地市场规模、产品市场规模等因素在创新发展过程中的重要作用。

1.4.2 空间计量方法

空间计量经济学与传统计量经济学的差异主要体现在以下几个方面：被解释变量之间存在相关性，包括空间维度与时间维度的相关性；解释变量之间的相关性和误差项（ε）之间的相关性。因这些问题的存在明显违背高斯—马尔科夫的经典假设，使得传统的 OLS 等方法并不适用。因而需要发展出新的计量估计方法。主要的空间经济学计量方法如图 1-5 所示。

空间计量经济学首先应用于横截面数据，主要的模型有空间滞后模型（也被称为 SAR 模型）和空间误差模型（SEM 模型）、空间杜宾模型（SDM 模型）、空间自变量滞后模型（SLX 模型）、空间杜宾误差模型（SDEM 模型）、一般空间自回归模型（SAC）等。各种模型之间的具体关系如图 1-5 的上部分所示；而探讨各模型之间的关系，我们可写出一般空间横截面数据模型，当 $\beta_2 = 0$ 时，就退化为 SAC 模型；当 $\lambda = 0$ 时，就退化为空间杜宾误差模型。而当从 SAC 模型退化到 SAR 模型，则需 $\lambda = 0$；当从空间杜宾模型（SDM）退化为 SLX 模型时，则需 $\delta = 0$；当从空间杜宾误差模型退化为空间误差模型时，则需 $\beta_2 = 0$；当然上述列举的退化路径并不唯一。

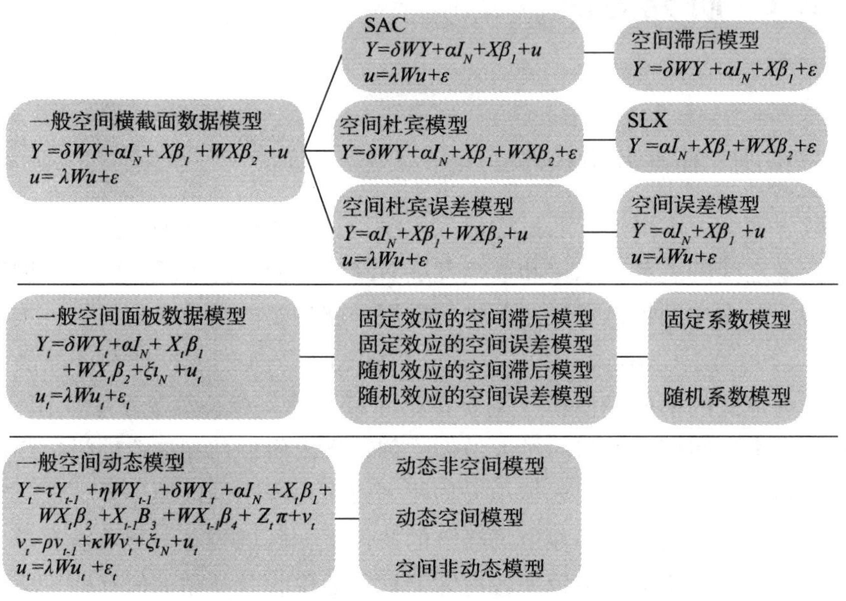

图 1-5　空间计量经济学的方法体系

注：Y 为 $N\times1$ 阶向量，是被解释变量；ι_N 是一个 $N\times1$ 阶单位向量，它与被估计的常数项参数 α 相关。X 是一个 $N\times K$ 阶外生解释变量矩阵，β 是与之相关的 $K\times1$ 阶需要估计的未知参数向量，且 $\varepsilon\sim N(0,\sigma^2)$ 的分布。WY 是被解释变量之间的内生交互效应，WX 是解释变量之间存在的外生交互效应，且 Wu 是不同空间单位的干扰项之间存在的交互效应。δ 被称为空间自回归系数，λ 是空间自相关系数，β 是 $K\times1$ 阶需要估计的参数向量。W 是 $N\times N$ 阶非负的空间权重矩阵，其列元素表示某一空间单元对其他空间单元的影响，行元素代表其他空间单元对该空间单元的影响。ξ 代表的是固定时间的参数。

资料来源：J. 保罗・埃尔霍斯特，肖光恩．空间计量经济学：从横截面数据到空间面板［M］．北京：中国人民大学出版社，2015.

随着面板数据的大量使用，空间计量的应用范围也将从横截面数据发展到面板型数据，而面板型数据的常用模型主要有固定效应模型与随机效应模型，将其与空间面板的横截面数据方法进行结合，则可得到固定效应的空间滞后、固定效应的空间误差，随机效应的空间滞后、随机效应的空间误差等模型。

为进一步解决估计过程中的内生性问题，在面板数据的基础上，发展出空间动态杜宾模型等计量方程。

空间计量分析常用的估计方法为最大似然函数估计法、准最大似然函数估计法、工具变量等，常用相关性检验值有 Moran's I 统计量（判断空间相关性，在横截面数据中，Moran's I 指数为正，代表高值与高值相邻，低值与低值相邻；而负值则代表高值与低值相间，同时 Moran's I 值也分为全局 Moran's I 值与局部 Moran's I 值），其他空间相关性的检验值有吉尔里指数 C（Geary's C）等。而用于对空间自回归系数、误差项的空间自相关系数显著性进行检验主要有 Wald 统计量、LR 统计量（似然比）、LM 统计量（拉格朗日乘数）等。

本书的逻辑思路如图 1-6 所示。

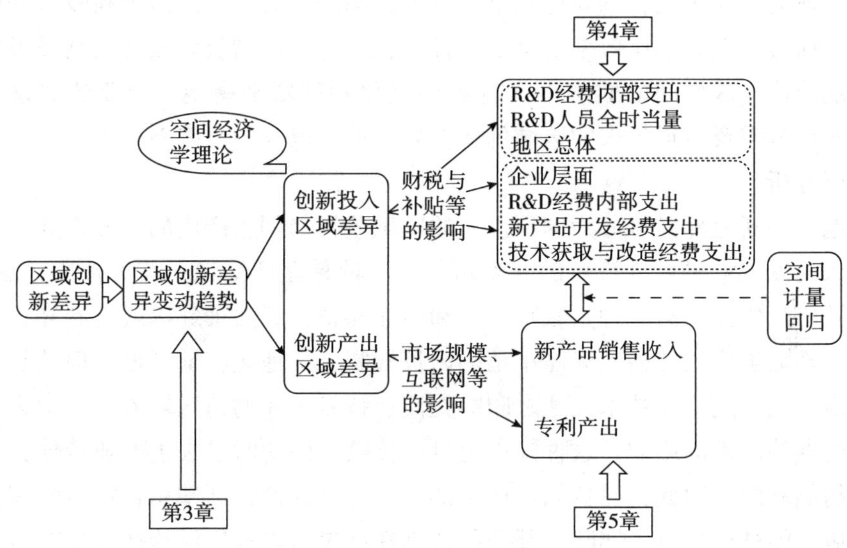

图 1-6　本书逻辑思路

1.5　研究思路

本书围绕区域创新差异的变动趋势及影响因素这一中心主题，首先对区域创新差异的变动趋势进行分析，分析近年来区域创新差异变动的新特征；其次分别从创新投入的区域差异与创新产出的区域差异两个方面展开分析。在创新投入的区域差异方面，主要从两个角度进行研究：一是从地区总体创新投入角度进行研究，分析政府财政收入水平等因素对地区总体创新投入的影响。二是从地区企业的创新投入角度展开研究，分析影响地区企业 R&D 经费内部支出、新产品开发经费支出、技术获取与技术改造经费支出的相关因素。在创新产出方面，则研究空间竞争、知识空间溢出、贸易发展、电子商务发展、互联网发展等对各地区企业新产品销售收入和各地区专利产出的影响。针对本书的逻辑思路论证如下：

创新最重要的是新知识的创造，因知识增长曲线不同于工资、效率的线性增长曲线，知识增长呈现指数化增长模式；同时创新也影响长期效率。因此对一个成熟的企业来说，创新比效率更重要；同理，对一个走向中高收入的国家或地区而言，创新也比效率更重要。针对我国由高速增长阶段转向高质量发展的特定阶段，区域间的效率平衡观需要进化到创新平衡观，但要建立这种观念，前提就需要对近年来的区域创新差异变动，以及与效率差异之间的关联趋势进行分析。

地区创新差异又可分为创新投入的区域差异与创新产出的区域差异，从创新投入角度观察：可将新知识分为两种，一种是显性知识，其可被用于编码，继而被广泛传播；另一种是缄默知识和商业秘密，无法被编码或受到知识产权保护，不能被广泛传播，只能小范围内被知晓，本地化特征明显。但从长期来看，由于受不同企业技术人才之间的交流、技术人才的跨区域流动、知识产权保护到期等因素的影响，这种知识也可被传播，但此时已失去商业价值，无法获得超额利润。因此，科技创新成果部分具有排他性，新知识在特定时间、特定区域只能被小部分人知晓；部分科技创新成果可以被广泛传播，具有全局溢出性与非竞争性，上述特点决定了科技创新具有公共经济学中准公共产品属性，需要政府和企业共同投入。从政府对创新投入的支持角度观察，政府创新投入属于公共财政支出范畴，而财政分权是我国改革开放以来最明显的分权治理模式，其理论基础是中央政府和地方居民在公共品需求偏好上存在信息不对称，而为了更好地管理和服务本地居民，往往需对地方政府进行部分授权，从而形成中央与地方政府之间的分权治理模式。基于上述认知，我国的科研经费管理既有集权形式，如国家自然科学基金、社会科学基金、各部委招标的科研课题、科研项目等，也有以分权的形式，如省及省以下各级地方政府科研经费的安排和支出。这些科研经费部分进入各大高校、各级科学研究所，绝大部分则进入到企业。而科技创新成果部分形成科技论文，部分形成企业、个人专利，部分形成企业的商业秘密和诀窍。因不同的科技创新成果对地方生产效率的提升具有不同的作用（叶祥松等，2018），继而地方政府在不同的科技投入方面具有不同的积极性。为获得技术创新的垄断租金，不同地区的企业对科技创新成果、先进技术扩散的支持和热度可能不及中央管理层面的预期目标，地方与中央的目标冲突可能降低整体创新投入的绩效产出，同时不同地区的研究机构及企业之间在争取国家层面的科学研究经费上也展开竞争，由此形成显著的地区间创新投入的竞争效应和空间溢出效应。因此地方科技创新投入必然受到地方财政收入的影响。而在企业创新投入层面，企业的科技创新的投入则受到政府税收、政府补贴、市场规模等因素的影响，而在既定资源下，各地区的企业也将在两种创新形式——流程创新与产品创新之间进行选择决策。

从创新产出角度进行观察，首先创新产出是与创新投入紧密联系的，同时创新产出也受到市场需求规模大小的影响，现代市场的开放性又增强了市场与其他地区市场的联系，构成彼此相互关联、相互影响的空间关联体系，空间竞争与合作也将构成影响本地区创新产出的重要变量。而互联网、电子商务等正成为我国新经济创新发展的基础，电子商务的发展模糊了本地市场边界，扩大了商品需求量；互联网的发展则扩大知识传播的受众群体，也使得知识传播更有效率。两者对各地区的新产品销售、新知识传播产生重要影响。因此本书将深入分析影响创新产出区域差异的空间竞争、知识的空间外溢、本地市场规模大小、互联网与电子商务发展水平等因素的影响。

1.6 理论基础及理论框架

在许多流行的空间经济学经典理论模型中，如克鲁格曼（1991）的模型主要探讨了生产要素——劳动力流动及劳动力的集中所带来的集聚效应，工资方程（或市场潜力函数）是其理论的关键方程；而 Melitz（2003）则主要探讨企业生产率的分布问题；Baldwin 和 Okubo（2006）在 Melitz 研究基础之上探讨企业迁移所导致的区域生产率差异，产生所谓的“选择”与“分类”效应；而 Martin 和 Ottaviano（1999）等及其后续一些研究则主要论证集聚与增长的关系，探讨了区域间的资本（知识资本）流动、资本积累进而导致增长的机理。但是经济要获得持续增长的关键还是要靠知识创新、知识累积及其再创造，因而在数字经济与知识经济的发展浪潮中，人力资本是影响经济发展绩效的关键变量。市场规模因素既对传统制造业的成本产生重要影响，也对现代创新部门的成本产生重要影响。政府部门及政府政策作为影响区域经济发展及区域间经济协调与平衡的重要变量早已得到证明（Martin，1999），而互联网等技术力量则进一步影响了创新地理。

图 1-7 则进一步展示了在互联网技术与政府财税行为作用下，市场规模与创新成本的循环图。即本地市场规模扩张，降低了企业单位生产成本，增加了企业利润，继而增加用于支持创新的资本；同时政府部门对企业征税将减少企业可用于创新投入及其他生产性投资的资本，而对创新部门进行补贴则激励创新部门进行更多的创新。在中央与地方政府分权（授权）治理、财政收入部分转移支付以及地方政府之间进行各种形式的竞争背景下，出于各种目的甚或是扶贫的需要，不同地区的税率和补贴率都会有所不同。因此不同地方政府财税行为将改变创新投入或是创新产出的地理格局。若某一个地区获得的创新补贴大于其被征收的税收，则其能进一步降低创新成本，提高创新成功率，增加企业数量，而企业数量的增加，一方面增加了地区总体收入，扩大了本地市场规模，另一方面则深化了产业分工，而分工的深化也可能产生新的创新（纵向创新）。因此，创新成本的降低与企业数量增加之间存在彼此促进关系。当更大的市场区域出台更大力度的创新扶持，同时降低企业税率，并给人才提供优厚的条件时，那么一个可能的结果是优势地区与相对劣势地区的创新差异将可能扩大，这种差异的扩大不仅是因为优势地区本身具有优越的条件，还因为优势地区促使劣势地区的优质生产要素发生迁移，表现出显著的空间竞争效应和你赢我输的零和博弈结果。

但互联网等技术则可能与上述因素的空间效应不相同，一方面互联网扩大了本地企业的销售地理空间范围，扩大了企业服务半径，推动企业品牌在更广泛的地域空间内进行传播；另一方面互联网发展也增加了更多的创意来源，而在网络空间上，更多新产品的呈现也使得人们在新产品开发过程中受到更多的启发。此外，互联网络空间实时记录与存取大量网民与消费者的购物记录、商品评价等方面信息，为企业创新节约了大量的消费者调查、市场推广等方面的成本，降低了产品创新成本，提高了创新效率，并在一定程度上突破了地理空间的限制。因此互联网络有可能起到缩小区域创新差异的作用。

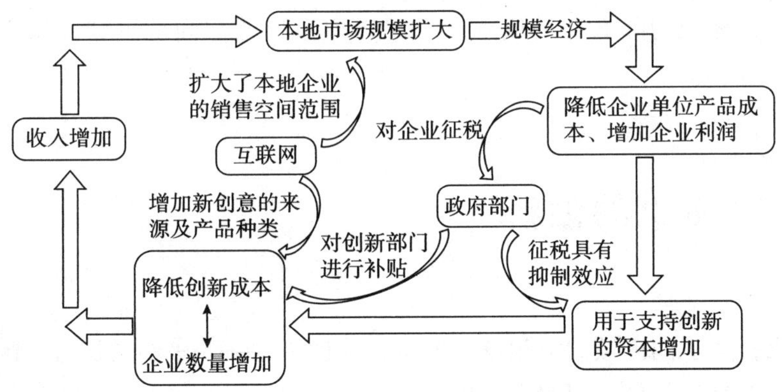

图 1-7 基于需求、创新成本下降的循环

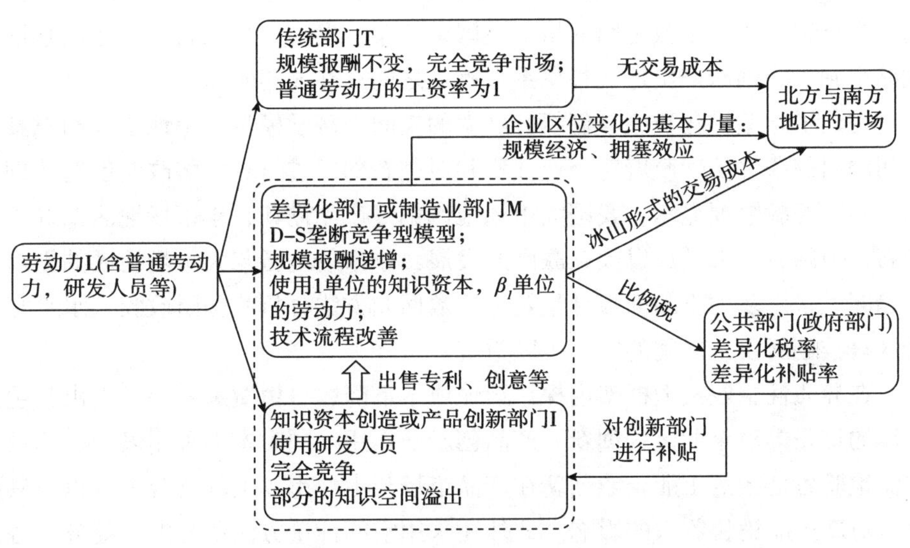

图 1-8 本书理论基本框架

为进一步表明本书的基本要素，借助于图 1-8 进行讨论与展示。以 K 代表资本，L 代表劳动力，I 代表新知识资本创造部门（产品创新部门），M 代表差异化产品部门（制造业部门），T 代表同质产品部门或传统部门。南方与北方（两个区域）具有相同的偏好、交易成本等条件。本书第 3 章主要考察的是研发人员增长与旧创新中心拥塞效应显现、新创新中心产生的过程。第 4 章主要考察政府差异化税收与补贴率如何影响创新地理。第 5 章主要研究异质性企业的新技术选择决策、流程创新与产品创新之间的权衡问题。互联网在模型中的作用体现为降低交易成本、扩大知识溢出的空间范围和知识溢出的程度等。

1.7 本书的创新

本书构建了两区域的空间竞争模型，论证了创新要素的增长与地区配置等对两地区的生产份额、消费支出份额的影响。同时以基尼系数考察创新要素的区域差异变动趋势，发现我国人均专利授权地区基尼系数呈倒“U”型变动趋势，并计量检验人均 GDP 地区基尼系数、人均创新投入地区基尼系数、人均创新产出地区基尼系数之间的格兰杰因果关系，发现人均创新投入地区基尼系数缩小到人均创新产出地区基尼系数缩小之间存在 5 年时滞。

构建了含差异化税率与创新补贴率的空间经济学模型，论证了在知识具有空间溢出的条件下，政府对企业征税和对创新部门进行补贴将改变创新地理格局。同时经验数据显示，我国大市场地区偏好产品创新，小市场地区偏好流程创新，但随着扩大开放以及互联网的发展，小市场地区与大市场地区的创新偏好趋同。采用多种空间面板计量及分位数回归方法分析我国财政收入水平与各地区科技创新投入之间的空间关联效应。

在异质性企业模型框架内探讨运输成本下降、自由贸易发展、支出与生产规模的扩张等对企业流程创新、产品创新的作用。同时本书采用多种空间计量方法检验各地区的工业企业创新在产品市场与本地市场上的竞合关系以及其他因素对新产品销售收入的影响。此外还采用空间计量方法研究电子商务对各地区新产品销售收入的影响、互联网发展对各地区专利产出的影响。

第❷章

文献综述

2.1 创新、知识创造与知识溢出

什么是创新，经合组织（OECD，2005）奥斯陆手册（OsloManual）中有相关定义：创新是新的产品或服务、新的生产过程、新的市场营销方法或新的组织模式等。

创新通常被“发明”一词所替代。但发明在字典中是一个独立的词，根据牛津英文大辞典，发明被定义为“发明一个新的东西或之前没有的东西”。熊皮特（1939）认为，发明通常是一个新产品、服务和过程，而创新则是商业化或将那个产品或服务引入到市场的过程。许多发明创造被授予专利，但绝大多数专利的盈利潜能都未达到商业化的盈亏止损点。Antonelli（2015）认为，创造性与创新是彼此相互联系的概念，但同时又是不同的概念。创造性本身不创造商业价值，创造性是创新的一个特征，创新不等同于创造性，它还包括其他因素。2016 年杭州 G20 峰会发布的《二十国集团创新增长蓝图》认为，创新是指在技术、产品或流程中体现的新的和能创造价值的理念。创新包括推出新的或明显改进的产品、商品或服务，源自创意和技术进步的工艺流程，在商业实践、生产方式或对外关系中采用新的营销或组织方式。凯文·阿什顿（2017）认为，创新是人类的本质，所有人都拥有创意意识，使用“问题解决”这一词来解释创新更合适。但不管怎样，发明、知识创造、以问题为解决导向的工作都是创新，如何成功地将发明商业化与新发现本身都是一种创造。

但由谁来创造？熊彼特（1939）以为主要是企业家；Arrow（1962）、Romer（1986，1990）认为是技术工人的干中学及学习曲线；Segerstrom 等

（1990）、Grossman 和 Helpman（1991a，1991b）、Aghion 和 Howitt（1992）等认为，是市场中处于追赶地位的企业，而不是处于市场领导地位的企业；Vincenzo 和 Piercarlo（2012）则认为，处于市场领导地位的企业与其他企业都会以相同的回报率在 R&D 上进行投资，只不过当市场中的领导型企业足够大时，存活的时间足够长，市场中的领导者将满足于以往所取得的荣耀，从此之后，R&D 活动开始减少；Acemoglu 和 Cao（2015）认为，市场中的领导者专注于渐进式创新。虽然每个经济研究者的侧重点有所不同，但综合来看可认为，创新是市场参与主体均可进行的事情，创造力是人与生俱来的能力，尽管这种能力如人的记忆能力、演讲能力一般在人群中分布不均。因此市场缺乏创新的内在原因主要是市场参与者对创新及未来不确定性的抗拒及创新懒惰等，而外在原因则主要是创新的成果存在外溢，发明的新技术、新模式等可能被复制，创新收益难以完全内部化，创新的成本及风险完全自担，从而造成创新激励的不足。

创新的外部性因空间毗邻而产生知识溢出最显著，如所谓的“远亲不如近邻”效应。最早指出这一效应的是马歇尔所称的“行业的秘密不再成为秘密，而似乎是公开，同行们在不知不觉中学到很多秘密”，以往的经验研究都证实知识空间溢出的存在（Jaffe，1989；Jaffe 等，1993；Feldman，1994；Audretsch 和 Feldman，1996，1999；Eberhardt，2013）。新经济地理理论和内生增长模型（Lucas，1988；Martin 和 Ottaviano，1999；Baldwin 和 Martin，2004）解释区域经济增长因知识外部性而产生的差异。Krugman（2011）、Guastella 等（2016）认为发达国家或地区经济活动的地理集中主因是信息、知识溢出等。就知识的溢出机制而言，主要有以下几个方面：

第一，知识溢出的第一个机制是面对面的信息交流，信息分享及面对面交流的价值早已得到认可。在 17 世纪的英国，人们集聚在咖啡馆里分享想法，交流商业信息，也正因如此，伦敦证券交易所产生于 1698 年商人经常集会交流的咖啡馆。在 20 世纪 40 年代，美国贝尔实验室的建筑通过专门设计以达到方便每个人都可相互交流的目的（Gertner，2012）。乔布斯为促使皮克斯公司的动画师、科学家和管理人员经常互动和交流想法，进而提高生产效率，而将员工的工作邮箱、自助餐厅和会议室搬到办公大楼中心。这一举措导致皮克斯公司生产 14 部电影，获得 27 个奥斯卡颁奖典礼。蒂姆·哈福德（2018）在《混乱》一书中描述麻省理工学院 20 号楼实验室因何而走出九位诺贝尔奖获得者，创造世界上第一个商业原子钟、最早粒子加速器以及语言学家诺姆·乔姆斯基（Noam Chomsky）和莫里斯·哈利（MorrisHalle）在此进行语言学革新等世界创举，其秘密就在于迷宫一般的 20 号楼导致人们常常迷路，从而增加研究者之间的偶遇、交流与互动。又如，Facebook、Google 和 Twitter 等公司通过巧妙设计他们的工作和娱乐空间，增强员工之间的互动及分享想法的便利性。在量化研究方面，Olson 等（2003）发现，协作与距离之间存在衰减现象，认为相距甚远的两个地方开展协作是难以持久的。Liu（2010）量化分析生物技术公司的物理布局如何塑造其内部知识流，因此知识工作者、技术工人等在物理空间上接近是有好处的，同时空间距离弱化知识溢出的强度。

第二，知识溢出的第二个机制是携带技术、知识的熟练劳动力流动以及科学家的知识溢出机制。Saxenian（1994）认为，硅谷成功的主要原因之一便是熟练工人在公司之间频繁的流动，而其他类似的研究还有 Fallick 等（2006），另外一些研究也表明劳动力的流动性随产业集中度的提高而增强（Freedman，2008）。另一些研究则突出科学家在高科技企业集聚过程中的重要性。Audretsch 和 Stephan（1996）考察生物科技企业和科学家在地理区位上的联系认为，地理紧邻的重要性明显受到科学家在企业中的角色、在科学界的地位以及科学家的年龄等因素的影响。Prevenzer（1997）和 Zucker 等（1998）发现，生物科技公司倾向于集中在少数地区，且这些地区拥有强大的科学基础及众多科学家。

第三，知识溢出的第三个机制是大学和研究机构，Jaffe（1989）提出带有空间因素的知识生产函数，以此反映接近大学对企业创新的影响。Audretsch 和 Feldman（1996），Feldman 和 Audretsch（1999）证实研究型大学通过传播知识为地方经济发展创造巨大收益。Audretsch 和 Lehmann（2005）分析大学的知识溢出在新企业区位选择中的作用。Scandura（2016）重点研究产研合作产生的知识溢出，其得到的基本结论：产研合作项目在结束 2 年后依然会对企业的研发支出及研发人员占公司总人数的份额产生正向且显著的影响。

第四，另一个与知识溢出紧密联系的概念是知识的异质性，知识交流的关键在于交换异质性知识与信息，因为相同的信息是无所谓溢出的。而只有异质性知识，才有交流与学习的必要。同时从知识与信息的角度，创新的本质就是要创造惊奇，异质性知识的重新组合与碰撞则可能产生更多的奇异知识与信息，例如诺贝尔经济学奖得主肯尼斯·约瑟夫·阿罗（Kenneth J. Arrow）从数学跨界研究统计学与经济学，在 20 世纪 40~50 年代将高等数学应用于经济学的研究，反而取得让一般经济工作者望其项背的成就。Ma 等（2014）分析高水平管理期刊中的 237 篇论文，发现适度水平的专业知识差异能产生新颖的知识组合和高水平的经验知识交流，提高知识创造的质量。Parrotta 等（2014）运用丹麦的雇主—雇员数据库，研究雇员的多样性（文化背景、教育和人口特征值）对于企业创新或专利的影响，认为以下几种方式将增加多样性公司的专利活动：①增加专利申请倾向；②增加专利应用；③扩大专利技术领域的广度。Tavassoli 和 Carbonara（2014）使用瑞典数据研究结果表明，内部知识和外部知识的多样性及强度对区域创新都有重要影响。但相比于多样性知识的作用，与创新相关度高的知识更重要。Todo（2016）使用日本的大型企业级面板数据集，实证结果发现，与远程供应商和客户的关系提高了创新能力（用注册专利的数量来衡量），而与邻近供应商或客户的关系则不影响创新能力。这表明：对于通过知识传播途径获取新知识而使生产力及创新能力得以提高的企业而言，多元化关系是非常重要的。其他有关这方面的研究还有 Berliant 和 Fujita（2012）、Yagi（2014）、Subramanian 等（2016）。

2.2 知识溢出的本地化与空间计量

知识溢出究竟是全球、全国性的，还是本地化的？多数研究结果均指向知识溢出具有本地化特征，起码也是不完全的全局性空间溢出。Rosenthal 和 Strange（2001）回归一个行业的空间集中度（基于 EG 指数），在邮政编码、县和州三种级别的空间范围分别进行分析，其实证结果发现，知识溢出只会在邮政编码这一层面具有积极影响。Fischer 和 Varga（2003）采用空间计量方法检验大学研究活动是否存在空间溢出效应，其实证结果证实知识溢出效应的存在，而这种溢出效应超越政治区划的空间范围，同时这种溢出效应遵循距离衰减模式。Arzaghi 和 Henderson（2008）研究了曼哈顿广告代理商的位置选择，结果显示：广告代理商与附近机构建立网络关系，其所带来的知识溢出是广泛存在的，但知识溢出会随着与其他广告代理商的距离增加而迅速减弱，并且大约在半英里后就会完全消失。Ellison 等（2010）研究协同集聚中的各种影响因素认为，知识溢出是最具本地化特征的因素。Capello 和 Lenzi（2014）考察欧盟 262 个地区发现，从新知识中获得的收益在空间上是高度集中的。Murata

等（2014）通过使用基于距离的方法，发现了专利及专利引用的本地化方面的实质性证据。Buzard 等（2015）描述如何使用研发实验室在地理上的集中来确定更可能发生知识溢出的地理边界。他们引入一种多尺度核心集群方法来测量跨越连续空间的研发实验室的知识溢出本地化程度。他们发现，美国有两个研发实验室集群中心，一个中心位于马萨诸塞州的剑桥，另一个中心位于硅谷，总体上企业研发实验室的空间集中度明显高于制造业就业的集中度，而当他们研究实验室集群的专利及专利引用数据时发现，大多数的实验室集群中的专利引用（不包括自我引用）存在显著的本地偏好，而且知识溢出的本地化程度比之前的研究报告的结果要更强。Billings 和 Johnson（2016）在 Ellison 等（2010）的基础上新建一个协同指数来估计单个城市区域内产业集聚的决定因素，实证结果表明自然优势和知识共享具有重要性。

国内学者开展此方面的研究如下：吴玉鸣（2006）使用空间计量经济学方法检测 2002 年我国 31 省域创新产出——区域专利（对数）的 Moran's I 指数为 0.36，这说明我国各地区的专利数在空间分布上呈现为正相关关系（空间依赖性），因而全国各省域创新产出的空间分布表现为非完全随机状态，而是较高创新产出的省域相互靠近的创新地理集聚形态，这也间接说明创新产出存在空间溢出效应。张玉明和李凯（2008）继续以专利数据衡量创新产出，所计算的区位基尼系数和 Moran's I 指数均表明，我国省际区域创新产出的非随机分布，表现为空间依赖。李婧等（2010）从地理和经济两个方面分别构建地理与经济空间权重矩阵，采用空间计量方法进行实证研究。其所得的空间 Moran's I 指数表明，我国区域创新存在显著的正向空间相关。余泳泽和刘大勇（2013）通过构建多重空间权重矩阵及多种空间面板模型的方法，对创新的空间溢出效应与价值链外溢效应进行分析，结果表明，知识创新、科研创新和产品创新三个阶段的创新效率都有较明显的空间溢出效应。白俊红和蒋伏心（2015）采用 1998~2012 年中国分省区面板数据，通过使用引力模型建立空间权重矩阵，运用空间计量分析技术，研究区域创新系统之间的空间关联及其原因，并考察该空间关联对创新绩效的影响。吴友和刘乃全（2016）通过实证研究得出我国 1998~2014 年各省份四种所有制企业均存在创新的空间溢出，创新的知识溢出存在体制邻近性，同时外溢边界也存在较大差异，国有企业之间的创新空间溢出边界最大，港澳台资企业间、外资企业间的外溢边界相等，民营企业间的外溢边界最小。而在不同所有制企业之间创新的外溢过程中，国有企业成为最大外溢方，民营企业则成为最大吸收方。孙瑜康等（2017）利用北京市乡镇街道层面的专利数据衡量城市内部各地区的创新产出，实证结果发现，北京市的创新活动高度集中，且呈现明显的“中心—外围”结构，同时创新投入类和创新环境类指标的提高均会提升周边地区的创新产出，空间溢出效应明显。王春杨和吴国誉（2018）说明我国省域创新产出的地理集中程度已呈下降趋势，但空间依赖程度却在增强，且研发经费投入具有正向的空间溢出效应，但研发人员、产研合作和产学合作的空间溢出效应均显著为负。陶长琪和彭永樟（2018）以知识资源存量、知识创造与转化能力、知识吸收与留存能力三个维度刻画知识势能，通过实证研究得出，其对技术创新具有正向空间溢出效应，而限制知识势能空间溢出效应的主要因素是制度环境。

2.3 基于知识空间溢出的新经济地理与经济增长

Krugman（1991a）等的运输成本型新经济地理模型以不完全竞争和规模报酬递增为前提假设，将运输成本置于一般经济均衡框架内进行考察，即从消费者效用最大化及预算约束出发得到产品需求函数，而后以具有固定成本形式的厂商短期生产函数求解产品供给函数，在需求与供给相等的情况下计算北方与南方地区的生产、消费支出，收入份额等，同时在劳动力流动情形下，考察运输成本的变化对劳动者工资收入的影响，进而探讨中心与外围结构的稳定性。当然从不同方面考察 Krugman（1991a）模型是有缺陷的，其中一大缺陷是产品的种类的数量是由制造业的劳动力总量等外生因素给定，以至一些学者误认为地理与增长无关（Betrola，1993），而另一些学者却认为，集聚能促进经济增长，而中心区域又能从经济增长中获得更大的收益，进而导致经济活动进一步向中心区域集中。从而步入经济越集中，经济越增长，集聚与增长具有内生的循环关系（Baldwin 和 Forslid，2000；Martin 和 Ottaviano，2001）。探究集聚与经济增长内生互动关系的是新经济地理与经济增长的相关理论。而对于经济增长的理论而言，几乎所有内生型经济增长模型都依赖于技术外部性，如知识溢出与生产的外部性。内生型经济增长模型通常都假定知识的无摩擦性溢出。但实际上知识的传递不那么容易。如前文所述，虽然一些知识可以进行编码和传递，但还有大量的知识至少是隐性的，隐性知识的外溢具有时空特性，需要通过面对面的接触（McCann，2007）以及通过携带知识资本的劳动者迁移进行传播（Faggian 和 McCann，2009）。

创新经济学（Nelson，1993）及其创新的地理特征（Audretsch 和 Feldman，1996）提高了人们对经济增长的理解水平。Eaton 和 Kortum（1999）已指出：知识溢出和技术外部性是与生产及研发的地理相关的。Acs 和 Varga（2002）认为，内生经济增长理论的建模技术与新经济地理学的建模技术具有相似性，提出一种新的技术主导区域经济发展模式，即可以将这两个领域与创新经济学的有关见解结合起来。知识和创新在不同地理区域间的溢出效应中应具有时间、空间和成本特征，而知识溢出对经济增长具有较大影响，知识溢出具有时空特征也意味着经济增长同样也具有空间特征。

在内生经济增长模型文献中，有部分学者已认识到知识流动与知识溢出。Grossman 和 Helpman（1991c）研究了国际知识溢出对小型经济体的影响，在该经济体中，对国际知识的获取依赖于贸易水平。Grossman 和 Helpman（1991b）在另一文中则构建了两区域的自主创新与技术模仿模型，其中北方国家进行前沿技术自主创新，而南方国家则进行技术模仿。但是这些模型都忽略知识溢出的空间因素。通过在知识溢出中包含空间特征，可以为经济增长理论增加空间因素，而经济活动的集中也会导致企业之间产生更大的知识溢出。

Englmann 和 Walz（1995）将 Krugman（1991a）的“中心—外围”模型与内生增长理论进行结合，通过设置规模报酬不变的农业部门、规模报酬递增的制造业部门与规模报酬非递减的 R&D 部门，将劳动力区分为技术型劳动力与非技术型劳动力，其中非技术型劳动力无法跨区域流动，而技术型劳动力则可跨区域进行流动，R&D 部门以技术型劳动力作为研发投入。同时考察两种情形：一种是本地化的知识溢出，另一种是区域间的知识溢出。

Martin 和 Ottaviano（1999）认为，Romer（1990）与 Grossman 和 Helpman（1991d）的研究旨在探讨技术变革创造新公司或新产品的问题，而新经济地理则探究企业位于何处以及它们为什么倾向于集中在少数几个地区的问题。但经济增长模式若缺乏地理空间因素则与 Lucas（1988）强调的观点相矛盾，即内生经济增长的起源机制需要有社会互动或外部效应，而这些互动或外部效应大多是地方性的。因而，笔者综合 Grossman-Helpman-Romer（1991d）的产品种类内生增长模型与 Martin 和 Rogers（1995）的产业区位模型进行研究，结果表明，当 R&D 的溢出效应是全局性时，那么经济地理对经济增长率没有影响，但是经济增长的决定因素，如研发成本和贴现率等，将影响南北两区域间的收入差距，从而对企业选址产生影响，而当 R&D 溢出是地方化时，那么所有的研发活动都将集中在初始知识资本禀赋相对较多的北方；同时在交易成本足够低、溢出效应足够高、北方的产业集中度提高等条件下，其结果将导致南方创新速度提升，同时也将提高南方区域的福利水平。

Baldwin 和 Forslid（2000）将 Romer（1990）的产品种类内生经济增长模型引入到克鲁格曼的中心—外围模型，进而提出一个长期增长与产业区位共同内生的模型。该模型表明，经济增长是一股强大的向心力，而知识溢出则是一股强大的离心力。

Martin 和 Ottaviano（2001）通过融合 Krugman（1991a）、Venables（1996）的新经济地理模型与 Romer（1990）、Grossman 和 Helpman（1991d）的内生型经济增长模型提出经济增长和地理集聚相互促进的模型。笔者认为，经济集聚之所以促进经济增长，是因为它通过集聚的资金外部性降低创新成本，进而导致经济中心的创新部门扩张，而新创企业倾向于靠近知识创新部门，这也意味着所有创新和大多数生产活动都将发生在经济核心区域。但是随着新企业不断在经济核心区域创建，拥塞效应逐步显现，一些企业会将其生产转移到外围地区。

Fujita 和 Thisse（2003）的模型假设经济体由两个区域 A 和 B 以及三个生产部门传统部门（T）、现代部门（M）和创新部门（R）组成，进而将劳动力区分为低技能劳动力和高技能劳动力。传统部门和制造业部门均使用低技能的非技术型劳动力，而创新部门则使用高技能的技术型劳动力，劳动力总量固定，非技术型劳动力在两区域平均分布且无法跨区域流动，技术型劳动力则能够跨区域流动。与 Matin 等人的假设不同，Fujita 和 Thisse 强调创新部门的知识资本是所有技术型劳动力之间相互作用的结果。而研究结果则表明，当运输成本足够低时，现代部门和创新部门都集中在同一区域，而另一个区域则专门生产传统商品，其研究结果证实并拓展了 Martin 和 Ottaviano（2001）的结论。

Baldwin 和 Martin（2004）则进一步总结之前的研究，Fujita 和 Thisse 主要探讨集聚与经济增长的基本框架，重点分析无本地技术溢出和有本地技术溢出两种情形下经济增长中的地理因素。Minniti 和 Parello（2011）则继续扩展 Martin 和 Ottaviano（1999）等的研究，其假设南方与北方区域都有固定的人口增长率，同时在创新部门沿袭 Grossman-Helpman-Romer 型知识资本创造的生产函数，采用 Jones（1995）提出的知识资本收益递减的概念，在知识资本生产函数的设置上考虑知识资本的跨期溢出效应与空间溢出效应。通过这一修正，该模型的产品品种增长速率与人口增长率成正比。Montmartin（2013）则假定一个经济体中含有完全竞争性市场的传统行业部门 T，具有垄断竞争型市场、生产差异化产品部门 M，以及向 M 部门出售发明、创意及设计的创新部门 I。创新部门的生产函数依然是 Grossman-Helpman-Rome 型知识生产函数，在上述假定基础之上考察公共部门对产品部门征收比例税、对创新部门补贴的市场均衡状态。因不同 NEGG 模型中的资本、劳动力等要素流动的成本与自由度存在差异，继而影响前后向的关联程度。

Cerina 和 Mureddu（2012）则将结构性变动融入到新经济地理和增长模型，该模型利用第二阶段优化问题中的 CES 效用函数，假定工业产品中的支出份额是内生决定的，那么区域经济一体化对经济增长有利或不利，就取决于传统商品和工业产品是好的或是糟糕的替代品。因此产品的结构性变动将对经济增长产生影响。Cerina 和 Mureddu（2013）则进一步提出一种新的结构变化、集聚与增长的经济地理学模型。通过假设非同质的偏好结构，作者得出经济增长受到贸易成本和集聚的影响，特别是，一体化总是促进经济增长。

Davis 和 Hashimoto（2015）建立一个不受规模效应影响的产业地理与经济增长关系的两区域贸易模型。在模型中，因运输成本的存在、知识的非全局性空间溢出、资本流动的无障碍，导致企业将研发与生产活动独立地进行区位选择，其目的是最大限度降低成本。这些企业的区位选择结果是生产的部分集中，同时当知识溢出程度提高而导致过程创新成本下降时，产业集中度与经济增长之间存在正向关系；当知识溢出程度提高导致产品开发成本下降时，产业集中度与经济增长之间存在凸关系。Davis 和 Hashimoto（2016）的模型进一步显示创新成本与产业和创新集中度之间的正相关关系，但当资产富裕国家在生产和创新中所占份额较大时，生产率增长更快。

国内学者对这方面也有一些研究，如庄子银（2009）在南北贸易的框架下发展出一个内生增长模式，其中从事模仿活动的南方企业家是长期经济增长的关键因素。其他研究可见梁琦（2009）、谭成文（2009）、罗能生等（2009）、刘修岩（2009，2014）和赵凯（2016）等。

2.4 不平衡发展中的相对平衡——新创新中心的形成

长期以来，经济地理学家和区域经济学家一直关注区域发展不平衡所引发的问题，以及政策干预如何减少这种不平衡现象，而且似乎每十年左右就会出现“新瓶装旧酒”式的辩论（Williamson，1965）。争论的动力一方面源于NEG的理论发展，另一方面则来源于“解决现实问题的需要”，例如，我国中央领导层判断我国主要矛盾发生变化、邓小平理论中的两个大局观等。

用来解释以往不同地区经济发展差异的主要理论有“增长极”理论、“虹吸效应”理论与“扩散效应”理论、“梯度”理论、倒“U”理论和Barro和Sala-I-Martin等的经济增长趋同论。“发展极”理论是法国经济学家弗朗索瓦·佩鲁（Francois Perroux）① 于1955年提出，其认为，主导产业和有创新能力的行业增长最快，这些产业在空间上的集中就会形成经济增长中心，并对邻近地区的生产要素进行影响与控制。发展极理论是一种非平衡增长战略，当增长极未达到一定规模时，主要是对周边地区的生产要素产生虹吸效应，增长极地区快速发展，而周边地区的发展则相对缓慢，从而形成瑞典经济学家谬尔达尔所称的地理层面二元经济结构，产生缪尔达尔的因果循环效应，即处于经济增长极地区的经济体的收入与需求扩张，导致另一轮投资扩张，进一步吸引周边地区和落后地区的劳动力与资本，从而产生更多的收入和需求，如此循环累积将使落后地区越来越贫困，富裕地区越来越富有，经济发展在地理空间上的两极分化效应异常明显。但这种虹吸效应也是有极限的，当达到一定程度时，诸如劳动力生产要素达到刘易斯拐点就会使劳动力成本随着劳动力需求增加，进而导致工资率上升，而人口拥挤导致对土地需求增加，诱导土地价格上涨和厂房租金上涨，这些就会使得经济增长中心的生产要素成本大幅上升，使企业利率降低，吸引投资的动能减弱。而在贫困地区，由于人口迁出，土地等资源要素变得丰裕，原来一些未达到盈亏平衡点的生产活动变得有利可图，同时劳动力变得稀缺，劳动力价格上涨，使劳动力不再流向增长极中心地，甚至对增

---

① 郭熙保．发展经济学经典论著选［M］．北京：中国经济出版社，1998.

长极中心的人口和企业产生吸引力，从而产生增长极中心的扩散效应，增长极中心的产业开始转移。这一发展过程从另一个视角来看则是梯度理论，即增长极中心的产业（主导或创新产业）相对于周边贫困地区，其处于相对高梯度经济区域，但由于产业生命周期的变化、人们需求偏好的改变，替代技术与替代产品的出现就使原来的朝阳产业或成熟产业迈入夕阳产业，产业盈利能力大幅降低，难以承受增长极中心地区的高成本，而逐级向低梯度地区转移，如我国的制衣、制鞋行业，逐步从东南沿海发达地区向中西部内陆地区转移，而后又转向人工成本更低的越南、孟加拉等国家和地区。同时制造业追随低成本转移是市场力量的使然，也是一种不因领导者的意志而改变的客观经济规律。

那么在这一过程中，发达地区与欠发达地区能否达到增长与收入的趋同？早期经济学家威廉姆森（J. G. Williamson，1965）将 Kuznets（1955）提出的收入分配的倒“U”形假设运用到区域经济的研究中，利用 1949~1961 年 24 个国家的统计资料，分为七组进行统计分析，结果发现，一国的经济发展不平衡与该国经济发展水平呈倒“U”形关系。这一倒“U”形关系说明增长极中心的经济增长产生虹吸效应后，还会产生扩散效应。在增长极中心产生虹吸效应阶段时，虽然人均产出增加，但是区域发展的不平衡性将显著增加，而当经济产生扩散效应之后，外围地区的人均收入将增长，同时区域发展的不平衡性也将下降。巴罗和萨拉—伊—马丁（Barro，Sala-I-Martin，1991）提出的经济增长变动方程如下：

$$\frac{1}{T} \times \log(\frac{y_{i,t}}{y_{i,t-T}}) = x_i^* + \log(y_i^*/y_{i,t-T}^*) \times (1 - e^{-\beta t})/T + u_{it}$$

其中，i 代表经济体；t 代表年份；y_{it} 代表第 i 个经济体第 t 年的人均产出（也可以是人均收入等其他经济指标）；x_i^* 为稳态时的人均增长率；$y_{i,t}^*$ 为第 t 期的有效劳动力的人均产出；y_i^* 为稳态时的有效劳动力人均产出；T 为观察期长度；u_{it} 为误差项；β 为 $y_{i,t}^*$ 向 y_i^* 的收敛速度。在长期，按照新古典经济学理论假设，资本收益率将递减，那么在相同的生产函数下，因欠发达地区的资本稀缺将导致欠发达地区的资本收益率高于发达地区，资本将从发达地区流向欠发达地区，所以欠发达地区与发达地区的经济差距将缩小，这被称为 β 收敛。Rebelo（1991）强调内生型增长，认为收敛现象在世界经济中并不普遍。而 Pagano（1993）认为，自 20 世纪 70 年代石油供给危机以来，欧共体国家的产出率与收入的收敛过程已经停止。Mauro 和 Godrecca（1994）使用 Barro 和 Sala-I-Martin 的方法研究意大利地区的收敛现象，检验结果拒绝收敛假说，意大利的南方与北方地区存在经济双元化特征。Bernard 和 Durlauf（1995）使用新的时间序列分析方法发现，1900~1987 年 15 个 OECD 国家的经济数据未能验证收敛假说。Baldwin 等（2004）的研究也说明，产业活动的空间集中度将推动区域和总体水平的增长，但不会产生区域间经济增长的差异，此研究也说明区域间经济增长具有趋同趋势。

解释未能收敛的现象有诸多理论和依据，如雁行理论等，又如 Baldwin 和 Martin 等（2001）的理论模型所展示的随着贸易成本的下降而呈现全球收入的分散—集中—分散的发展过程。即在初期贸易成本很高时，全球收入呈现为分散状态；而当贸易成本下降到中等程度时，北方地区的国家才开始经济腾飞；而当贸易成本继续下降时，经济活动主要集中在经济相对发达的北方国家；而随着贸易成本的进一步下降，则可能导致南方地区国家的经济起飞，并使全球经济发展的空间布局变得更加平衡。其过程可看成：首先是北方地区的国家成为经济中心，而后随着北方经济中心的拥塞效应显现，南方地区的产业竞争能力增强并开始成为新的经济中心，从而分散北方地区的产业集中度。

因此南北地区经济发展新平衡的构建也是新的经济中心或创新中心的建立过程。另外因知识创新而形成的集群与创新中心的想法可能由来已久，Lamoreaux 等（2004）描述克利夫兰是第二次工业革命时期美国重要的创新中心，引领了许多关键产业发展，包括电灯、电力、钢铁、石油、化学和汽车等，如同今天的硅谷，是高科技创业的温床。Klepper（2010）解释底特律的汽车产业集群与硅谷半导体产业集群崛起、演化的共同原因。但创新集群与新中心也会随着时间而转移。Saxenian（1994）讨论了半导体工业在 20 世纪七八十年代从波士顿 128 号公路迁移到硅谷的过程。Kerr（2010）的实证表明，美国城市人口在 1975~1989 年与 1995~2004 年两个时期的相关性为 0.99，而城市专利的相关性则仅为 0.88。当将样本划分为 36 个基本技术群体，同时研究专利的空间分布时，上述两个时期的相关性则进一步下降到 0.64。kerr 认为，这是科学家与工程师的移民行为导致上述专利空间布局发生变动的原因。Kerr 基于技术转移对科学家和工程师的依赖程度构建数学模型，结果证实 Duranton（2007）的模型所描述的创新中心的形成机制（Duranton 以产业多样性来刻画创新），这也说明创新中心转移与形成过程中人才的重要性。

我国学者胡鞍钢等（2015）总结了不同时期区域发展战略演变（1953~2015），同时还介绍了各时点的战略演变格局。党的十八大以来，我国区域平衡政策的战略重点是“一带一路”、长江经济带以及京津冀协同发展，而“一带一路”将推动中西部地区高水平开放及创新能力的提升，促进中西部地区高质量快速发展，有利于我国各区域经济发展的总体平衡。

2.5 技术创新中的市场失灵与科技研发的资助体系

“市场失灵”最直接的表现是西方发达国家的经济危机及金融危机，无论是 1929 年西方资本主义世界的经济大危机，还是 2007 年始于美国的次贷危机所引发的全球金融海啸，这些经济与金融危机都促使西方世界对市场经济的缺陷进行深度思考，动摇市场原教旨主义者对“市场万能”、市场调节可自动达到“帕累托最优”的理念，而如公地的悲剧、环境污染、气候变化等事实都说明市场调节的不足。人们开始思考能否通过政府这只“看得见的手”来实现市场机制自身不能实现的最优状态，在宏观经济领域，其最主要代表是凯恩斯主张的国家干预主义。凯恩斯试图以通论形式论证人们存在消费边际倾向递减，所以导致人们消费的不足，资本边际效率递减引起私人投资不足。流动性偏好一方面减少人们的消费，另一方面也影响人们将储蓄转化为投资的能力，引发投资的不充分。所以市场自动调节也会产生有效需求不足问题，政府应对经济危机的干预方法是扩大社会有效总需求，一方面，可以使用财政政策直接扩大政府部门的购买需求与公共投资；另一方面则通过扩张货币政策，引发人们的货币幻觉，同时解决因流动性偏好而产生货币流动性不足的问题。而当经济发展过热时，则可采用逆向操作，从而熨平经济的过大波动，弥补市场调节经济的不足。

凯恩斯国家干预主义在“二战”以后得到广泛推行，但到 20 世纪 70 年代，西方国家的经济发展陷入“滞涨”状态，对于政府干预宏观经济的做法表示怀疑。1991 年苏联解体，计划经济的失败导致人们更多地相信市场经济与市场调节，继而深刻认识到政府干预也会失灵。“市场失灵”与“政府失灵”的观点都有理论上的合理成分，市场与计划都不能解决一切问题。因而，完全否定市场调节作用，抑或是完全否定政府的有效管理与宏观调控都是走向理论极端。纵观经济发展史，无论是市场机制还是政府管理与调控对经济发展的作用都不是绝对的。要根据当时的社会经济条件来决定哪种路径更能优化资源配置与促进经济快速发展。如果市场非常完善，市场价格信号不被扭曲（如垄断等因素将会导致市场价格信号的扭曲），市场激励能有效传导至微观个体并促使其正确行动，那么实现市场调节对经济发展的效果应大于政府干预；如果市场机制不完善，或是市场调节所引起的波动及所需支付的成本超过社会承受能力，则政府应采取合理的措施进行市场干预要比市场的调节作用更有效。党的十九大报告对此做深刻而简洁的阐述，即“使市场在资源配置中起决定性作用，更好地发挥政府作用”，既要发挥有效市场作用，也要发挥有为政府作用。

在技术创新过程中，正如前文论述所提及，知识本身具有外部溢出性，这种溢出性将导致企业无法将收益完全内部化，而创新的成本与风险需要自担，导致收益与成本的不对称性，从而将导致知识创造与创新不足。为降低创新风险，充分利用创新知识的外部性，竞争对手之间往往存在相互模仿的行为。观察现实，竞争对手之间常常提供相似的产品与服务来满足消费者，特别是在商业组织模式创新方面，例如阿里巴巴开展盒马鲜生、腾讯及永辉超市则推出超级物种等。与经营模式创新的少量投入不同，技术创新的投入更为巨大，成本更高，若不能较好地保护技术诀窍，则收益难以覆盖成本。为尽量地将收益内部化，解决收益与成本的对称性问题，政府干预显得有必要。常见的政府干预措施如专利保护法，好的专利保护法促进经济成长，美国总统林肯早就说过专利制度是给天才之火浇上利益之油。诺斯在考察英国第一次工业革命时指出，专利制度对技术创新与进步具有重要作用，特别是专利法有助于降低社会交易成本，并促进对生产要素的投入和流动。当然高强度的专利保护也会对经济增长和创新产生负向影响（Denicolò 和 Zanchettin，2012）。

同时科技创新具有公共产品属性，基础科学研究尤为如此，而科研基础设施的建设等，都需要政府支持，如我国位于贵州黔南 500 米口径球面射电望远镜的建设，历经 20 多年实践探索才得以成功，这其中就需要政府持续不断的资源投入和政府经费的支持。技术创新过程中的“市场失灵”在研发投入方面表现为两种情形：一种是研发投资不足，另一种是研发投资过度。Montmartin 和 Massard（2015）归纳总结五种技术研发中市场失灵的表现及相应对策，见表 2-1。

表 2-1　研发中的市场失灵及相应对策

市场失灵	对研发投入的影响	弥补市场失灵的政策方法	相关文献
跨期知识外部性： 站在巨人肩膀上>涸泽而渔； 涸泽而渔>站在巨人肩膀上	投资不足 投资过度	(1) 对研发成本或专利产出按比例给予补贴 (2) 合作激励可以减少补贴的需要 (3) 对研发成本或创新产出征收比例税	Grossman 和 Helpman (1991d) Steger (2000) Minniti 和 Parello (2011)
无谓损失	投资不足	(1) 根据企业创新成本按一定比例给予补贴 (2) 两种工具的组合：对创新产品生产按比例补贴+对研发成本的比例补贴	Jones (1995b) Sorensen (2006)
重复的 R&D 活动	投资过度	(1) 对重复的研发或专利加税 (2) 企业间开展合作可以减少重复的 R&D	Dalhlia 等 (2004) Steger (2005)
租金转移 商业窃取效应	投资过度	提高研发成本或征收专利税	Steger (2005)
地理位置的外部性 正的邻近外部性>负的邻近外部性 负的邻近外部性>正的邻近外部性	投资不足 投资过度	(1) 对"核心"地区补贴或加大"周边"地区的税收（增加空间集中度） (2) 对"核心"地区加税或对"周边"地区进行补贴（减少空间集中度）	Martin 和 Ottaviano (1999) Montmartin (2013)

注："站在巨人肩膀上"指的是前人的科研工作对后来者具有很大的启发作用，推动更有价值的新发现、新发明的产生；"涸泽而渔"指的是前人将最容易发现、最有价值的知识最先生产出来，而后来者则只能够创造出不那么重要的知识，如一个科学巨人已经构建起学科大厦和重大基本命题，而后来者也只能做一些"修修补补"的工作。

资料来源：Montmartin B，Massard N. Is Financial Support for Private R&D always Justified? A Discussion Based on the Literature on Growth [J]. Journal of Economic Surveys，2015，29 (3)：479-505.

在新经济地理与增长理论中，除通常考虑的知识空间溢出效应，还常考虑两种跨期效应：即“站在巨人的肩膀上”与“涸泽而渔”效应。对于这两个效应的考察，在 Romer 内生型经济增长中，知识增长与技术进步的函数可简要表述如下：$\dot{A} = \alpha A^{\Phi}$，其中，$\dot{A}$ 代表知识增长率，A 代表知识存量，α 为常量。在 Romer 模型中，Φ 等于 1，但 Jones（1995）认为 Φ 可能小于 1，Furman 等（2002）则进一步提出当 $\Phi>0$ 时，表明当期的知识创造是“站在巨人的肩膀上”（standing on shoulders effect）；当 $\Phi<0$ 时，表明当期知识创造因前期的“涸泽而渔”（the fishing out effect）而导致低效率。但笔者认为，Jones、Furman 等的观点需进一步区别知识的类别，例如基础科学研究中基本定律的推出，都可能启发后来研究者做出更具有社会经济价值的应用研究，数学、物理等基础理论的突破，则可能为下一代信息技术的快速发展奠定坚实的基础①，而应用型研究则可能具有“涸泽而渔”效应，譬如，就一块稻田的改良而言，使用多少的氮肥、钾肥、有机肥等配比对特定时空下的耕种者而言是一大诀窍，但对于其他时空的耕种者而言，则启发意义有限，甚至还有负效应。

2.6 创新的计量方法

对于创新的计量方法，创新可分为组织管理创新、流程创新与产品创新，而大多数研究都以下面几种方式来测量技术创新：①创新活动过程中的成本投入，例如 R&D 支出或者风险投资等。②创新过程中的中间产出，如专利等。③最终创新产出，如新产品产值、新产品销售收入等。④综合性指标，如创新效率。

2.6.1 基于创新活动投资的研究

一些研究采用 VC 这一指标，其优点是他们可反映在企业的微观层面，但 VC 主要集中在特定技术领域（如计算机、软件和生物技术）和特定公司，在描述创新方面不够全面。而 VC 投资额之所以成为创新的衡量指标，主因是

① 华为 5G 标准的基础理论来自于土耳其毕尔肯大学电气工程系教授埃尔达尔·阿里坎发明的“极化码”（polarcodes）。http：//news. ifeng. com/a/20180729/59478688_0. shtml.

VC 可推动企业进行创新，提升企业的创新能力与水平，如 Gompers 和 Lerner（2005）、Engel 和 Keilbach（2007）、Guo 和 Jiang（2013）认为，风险投资能够提高企业的创新投入。Keuschnigg（2004）、Dushnitsky 和 Lenox（2006）的研究发现，VC/PE 可促使新创企业更快地成长，更快地将创新投入转换为企业绩效，提高企业的价值。而在国内则常使用 R&D 创新投入这一指标来表征创新，如白俊红（2011）以研发资本存量和研发人员全时当量作为创新投入的代理变量。

2.6.2 基于专利及引文的研究

大多数的区域研究均使用专利数据来衡量创新，专利引用也常被用于量化研究知识溢出（Jaffe 等，1993；Murata 等，2014；Buzard 等，2015）。从本质上说，专利是给予发明者的一项合法垄断租金，专利为发明家提供经济激励，以利于开拓新的投资机会。文献中通常选择专利作为区域创新绩效的度量指标（Acs 等，2002；Bettencourt 等，2007；温军、冯根福，2012）。专利在表征区域创新绩效时具有一定的优势：一是专利作为发明的直接结果，专利数据容易被找到，且包含大量关于技术、发明及发明者的信息；二是各地区专利申请、审查、知识产权的制度法规在一国范围内基本一致，这使得一国不同区域的专利数据具有可比性。而随着各国知识产权制度与国际规范靠近，这也使得专利数据在跨国别研究中具有一定的可比性。

当然，专利在反映创新成果的质量以及市场和商业化水平方面存在明显不足，这使得专利数据的使用饱受争议。使用专利作为创新指标的第一个缺陷是不同专利的价值是不等同的。绝大多数专利没什么价值，而少数专利具有巨大价值。例如 Harhoff 等（1999），Serrano（2010）计算得出，美国在 1983~2001 年授予的专利中有 78%的专利没有被续期，这表明大多数专利的商业价值都较低。Griliches（1979）、Pakes 和 Griliches（1980）的研究同样也表明，专利是一个有缺陷的衡量（对创新产出的衡量），特别是当所有的专利以及他们在生产中的作用不一样时。专利数据的第二个缺陷是如果当专利的获得仅是为阻碍竞争对手进入市场，继而构筑起“专利篱笆”，其作用不是为增加产品价值和提高效率，那么这将是对其他企业创新的扭曲。专利数据的第三个缺陷是在时间序列维度进行纵向调整技术专利数据的质量也存在困难，例如，微软公司成立于 1975 年，到 1990 年，该公司只有五个专利，却获得超过 10 亿美元的收入；而到 2009 年，该公司已拥有 10000 项专利，获得超过 580 亿美元的收入，这说明每个专利所带来的收入增长是不一样的。专利数据的第四个缺陷是专利申请倾向有较大的行业差异，Cohen 等（2000）指出，化学、药物、矿产品和医疗设备行业的公司申请超过三分之二的专利，相比之下，在食品、纺织、玻璃和钢铁等金属行业的企业申请专利的产品不到其产品的 15%。

2.6.3 基于创新产出——新产品等的研究

Acs 和 Audretsch（1988）、Audretsch 和 Feldman（1996）、Feldman 和 Audretsch（1999）、Acs 等（2002）等学者使用美国小企业管理局（SBA）提供的新产品公告数据作为美国国家和大都市地区的创新活动指标。新产品公告数据、新产品产出相对于研发支出和专利数据作为创新衡量指标的优点在于其记录创新的商业化价值，而问题在于，新产品公告数据可能是由企业营销部门发布。因此，这些公告无法确定产品的原创性及其相应的贡献，同时公告数据也可能产生选择性偏差，发布者选择他们认为有影响力的创新产品予以公告。

尽管存在上述缺陷，但一些学者在数据可得情况下，开始使用新产品销售收入作为创新绩效的衡量指标（朱有为、徐康宁，2006；Pellegrino 等，2012）。白俊红（2011）在构造 1995~2007 年中国高技术产业分行业面板数据时，以新产品的销售收入作为创新产出。新产品销售收入这一指标可较好地反映创新成果的应用和商业化水平，但却忽视研发过程中的知识创造功能。

2.6.4 创新效率

除使用上述这些较直接的指标外，一些学者开始通过测算创新效率来反映创新的绩效水平（Wang，2007；Li，2009；张海洋、史晋川，2011；张海洋、金则杨，2017）。效率是一个相对指标，如果一个地区用较少的创新投入获得较多的产出，就认为该地区的创新效率较高，与专利、新产品销售收入等直接产出指标相比，效率的高低更能反映一个地区创新能力与水平，因而是衡量创新绩效的较好指标。但缺陷是创新效率的衡量一般采用前沿函数的计量方法，这对一些经济学家来说，终究是一个说不清道不明的黑箱。

总之，记录创新活动的各种指标既有优点，也有缺陷。同时各种指标之间是否存在很强的相关性，仍需继续深入探讨。

第❸章

区域创新差异变动趋势

创新与我国未来经济发展息息相关，而我国整体创新能力是各省域单元创新能力的综合体现，同时各省域的创新能力也关系着自身未来的经济走向，进而关系到我国经济发展的地区平衡。一个需持久思考的问题：为何改革开放之初我国各区域的经济发展相对平衡，而后走向不平衡发展态势？发达地区与欠发达地区的收入差距为何会扩大？当然对此的回答是多样的，本书的回答是创新能力的差异，即我国东部沿海地区持续不断地从技术先进国引入新的技术、资金与设备，不断构建新的生产函数，特别是新技术、资金与廉价劳动力的结合让东部沿海大省——广东省跃升为我国第一经济大省，而中西部地区则因新生产函数的构建相对迟缓，这也导致改革开放 40 年后的地区经济发展差异鸿沟过大。而近 10 年来，中西部则进一步扩大开放力度和创新力度，例如贵州等省份引入大数据、互联网、人工智能等新技术，江西省建设 AR/VR 的数字经济产业集群等，从而使区域差异有缩小的趋势。由此，本章首先论证竞争与区域创新发展差异的关系，而后构建模型说明创新要素——研发人才的数量增长、迁移与地区产出份额之间的关系，且分析我国创新投入、创新产出的区域差异变动趋势，同时对创新投入、创新产出与地区 GDP 的区域差异指标之间进行向量自回归与格兰杰因果检验。

3.1 资源稀缺、竞争与区域创新发展差异

竞争是人类社会不可避免的生存法则，因此达尔文将这一法则进行演绎，物竞天择构成物种起源、物种演化的最重要力量。天择是因物种在特定时期以特定方式所能获取的特定资源是稀缺的，如以绿色植物的光合作用捕捉与转化、储存太阳能的方式在一定时期和有限的空间（地球表面）获得的能量总

量是既定的。那么在这种情况下，以植物为食物的生物物种数量有限，由于以吞食、消化的方式在转化储存过程中会损失大部分能量，这也意味着越往食物链顶端，其物种的数量也就越少，当然食物链顶端的物种处在整个食物链的支配和控制地位。同理，资源稀缺是任何有欲望的人类社会在特定时期所必然面临的共同主题，尽管不同的历史时期所面对的特定资源的稀缺性有所差异，早期社会可能面临食物的极度匮乏，而当代则可能面临好的住房条件、清洁能源、保持更长寿命的医疗和高品质食物等资源稀缺。因此，如何在一定程度上缓解资源稀缺，优化资源的配置效率，尽可能满足更多人更多的欲望也就构成社会经济不断发展的内在动力基因。资源稀缺、欲望与竞争机制的组合将导致社会等级产生和财富分布不均。人类社会生活具有群居特性，同时又具有“物以类聚，人以群分”的群体化特征，即富有人群聚居在一起，并通过房屋价格、工作机会等市场化力量对非富裕阶层、能力相对弱者进行排斥，例如每个城市均有富人区及高薪行业等，那么将之扩展到一个地区、一个国家时，常会伴随着人口迁移：富有阶层将迁往更富有的地区，能力强者迁往大市场，这将使得经济地理空间版图产生非平衡分布。

将上述过程描述如下：趋利避害是长久生存之道，经济社会中的每个人都尽量地以最轻微的痛苦获得最大的快乐、以最小的成本获取最大利益回报为行动原则，这决定了获得同样的效用和物品，人们将寻求最低价格，或者以同样的金钱获取最大的效用和最多的使用价值。因此，就同行业的众多厂商而言，谁能够在提供同样品质的产品和服务时索取的要价最低，谁将是整个市场中的赢家，获得整个市场（Bertrand 寡头市场模型的结论）。但是市场中往往存在交易成本，如因空间距离导致运输成本等，这就决定距离产品与服务提供者越近，价格越低；而距离产品与服务提供者越远，价格越高。因此，同行业的不同厂商将依据距离进行选址，由距离而产生商品价格的差异化。霍特林（Harold Hotelling）在线性空间结构上的厂商选址结果是所有厂商都将位于线性空间结构的中间，但前提是两个厂商同时决策，同时进入市场，拥有同样的生产技术和同样的成本。而在现实中，即使以同样的生产技术和同样的成本，人们的商业嗅觉也是有差异的，发现有价值的市场需求是有时间先后的，如在百米跑道上的运动员一样，从决策到真正行动有快慢。先行动者将快速占领更多的市场，而当后来者进入市场时，若以同样的技术，那么因固定投资成本的不可分割性，最先占领市场需求的厂商已具有一定的生产规模，需求的扩大将导致单位产品中的固定成本变小，相较于后来者而言，也就具有成本优势。因此在这种情况下，后来者将不会选择与先行厂商相同的位置，而是选择到其成本最能抗拒现行进入者的地方。由于准入时间的先后，固定投资的成本分担也将导致厂商规模上的差异。此时，因先行者优势，最先进入市场的厂商生产规模将最大，越往后进入的厂商生产规模将越小，从而形成厂商规模上的等级分布。而企业是城市发展的基本单元，由此城市与区域的经济地理分布必然服从等级原则，如 Auerbach（1913）、Gabaix（1999）等诸多学者所观察到的，对于大多数国家而言，城市的规模分布近似于幂律分布形态，尽管这种分布形态或是幂律为 1 的齐普夫形式（Rosen 和 Resnick，1980；Brakman 等，1999；Soo，2005；Ezzahid 等，2015）；或是 Gibrat 分布（Eeckhout，2004），或是 Pareto 分布（Giesen 等，2010）。

尽管区域发展具有强烈的路径依赖性（Iammarino，2005；Rigby 和 Essletzbichler，2006），而打破旧的城市与区域经济的地理分布，构建新经济地理格局的主要力量是创新。特别是随着新技术的出现，创新中心会发生转移，Ceh（2001）、Hicks 等（2001）、Johnson 和 Brown（2004）、hUallacháin 和 Leslie（2005）都发现美国的创新热点区域在 20 世纪 70~90 年代逐渐从东北、中西部转向西部海岸线地带。Kerr（2010）的实证研究也表明，随着发明家的迁徙、突破式创新的空间转移，创新集群将会发生空间转换。

正因为创新改变生产函数，从而改变企业的利润水平，引致资本、劳动力的跨区域流动，同时在一定时期和特定阶段，在资源总量既定情形下，因个体能力差异导致其对资源的吸引能力不同，因地区能力差异导致其对资源虹吸效应不同，从而形成资源在个体层面及地区层面的层次性分布。故在最本质上，能力差异是形成市场资源分布不均衡的最初始动因。能力是达到新平衡的前提与条件，所以在一个经济体中，创新能力平衡将与效率平衡同等重要，创新有可能是效能方面的提升（做正确的事），也可能是效率方面的改善（正确地做事）①。技术创新往往具有中性，一方面技术具有增强中心性的可能；另一方面技术又可能增加去中心化的可能，因此中心强化和去中心两种力量不断较量是现代经济的显著特征。

传统经济发展或许服从物理学中的热力学第二定律，热力学第二定律表

① 创新不等同于效率，著名管理学家彼得·德鲁克在《卓有成效的管理者》一书中说：“所谓效率，可以说是‘把事情做对’（to do thing sright）的能力，而不是‘做对的事情’（to get the right things done）的能力。”美国当代思想家乔治·吉尔德在《知识与权力》一书中指出，美国初创企业的创新都致力于提高效能（即“做正确的事”），而不是效率（即“正确地做事”）。

明，在一个封闭系统中，高温物体将向低温物体进行热量传递，系统将从有序变为无序，系统熵值增加，最终所有物体的温度将等同，分子运动变得随机，从而随着时间的流逝而进入热寂。因此在一个封闭的社会系统中，人均产出高的经济区将随着人口流入、拥塞效应增加而拉低平均产出，人均产出低的地区将因人口流出以及资本的流入而导致人均效率提升，但在经济总量上却具有拉大的趋势。

我国近年来地区间经济发展具有平衡发展趋势，中西部地区的经济总量也在快速发展，而东部地区的经济增长动能则有所减缓，个别中西部省份的经济增速较快，如我国的贵州地区，贵州省的大数据产业发展迅速，且带动整个地区的经济增长和发展，甚至在我国经济下行的整体压力下，2018 年上半年其经济增长速度依然达到10%，经济增速位居全国第一。因而说明，欠发达地区要加速发展需引入新人力资本及新生产函数。

3.2 区域创新差异的数学机理

3.2.1 基本模型设定

本节以 Matin 和 Ottaviano（1999），Fujita 和 Thisse（2003），Bond-Smith 和 Mccann（2014），Davis 和 Hashimoto（2015）等新经济地理与增长模型（New Economic Geography 和 Growth，NEGG）为基础来进行说明。通常在模型中做以下方面假定：存在两个地区，即北方与南方；存在三个部门，即生产同质产品的传统部门 T，生产差异化产品的制造业部门 M 以及产品研发部门 I。传统部门的产品市场是完全竞争型市场，而制造业部门是垄断竞争型市场，传统部门与制造业部门均使用普通劳动力，初期普通劳动力总量为 L，且在北方与南方平均分布，同时普通劳动力无法移动。创新部门使用研发人员，研发人员可自由流动，通过选用适当的单位可标准化为 1，当然也可认为传统部门与制造业部门就业总量是创新部门就业总量的 L 倍，同时假定普通劳动力与研发人员的自然增长率为 g_L。另假定南方与北方的消费者具有相同的消费偏好，将北方具有无限寿命期的代表性消费者的效用函数设定为：

$$U = \int_{t=0}^{\infty} e^{-(\rho - g_L)t} \ln[C_{Mt}^{\alpha} C_{Tt}^{1-\alpha}] dt \tag{3-1}$$

其中，C_M 是由差异化商品合成，其可表达为：

$$C_M = \left[\int_0^{n+n^*} c_i^{\frac{\sigma-1}{\sigma}} di\right]^{\frac{\sigma}{\sigma-1}}, \sigma > 1 \tag{3-2}$$

其中，c_i 是传统部门的同质化产品，ρ 为时间偏好率或主观贴现率；n 与 n^* 分别为北方与南方地区的产品种类数；南方的区域代理变量用 * 表示。下文将重点考察北方地区的情形，而对于南方地区，可用类似假定。

对于消费效用最大化问题，可分两步进行求解：第一步，对于北方消费者在某个既定时期的总支出为 E，其预算约束条件为 $P_M C_M + P_T C_T \leqslant E$，其中，$P_M$ 是北方差异化产品的价格指数，P_T 是传统商品价格。同时，差异化产品的跨区域交易具有冰山形式的运输成本，即实际到达目的地 1 单位的差异化产品，从生产地需要发货 τ 单位产品，其中，$\tau > 1$（Samuelson，1954），$\tau - 1$ 单位产品在运输途中损耗掉。

采用拉格朗日法求解消费者在既定支出约束下的效用函数式（3-1），可得：

$$P_M C_M = \alpha E \ , P_T C_T = (1 - \alpha) E \tag{3-3}$$

$$c_i = \alpha E p_i^{-\sigma} P_M^{\sigma-1} \ , c_j = \tau^{-\sigma} \alpha E p_j^{-\sigma} P_M^{\sigma-1} \tag{3-4}$$

$$P_M = \left[\int_0^{n} p_i^{1-\sigma} di + \int_0^{n^*} \tau^{1-\sigma} p_j^{1-\sigma} dj\right]^{\frac{1}{1-\sigma}} \tag{3-5}$$

第二步是消费者的跨期选择，北方消费者在消费与储蓄之间分配当期收入。其跨期预算约束为：

$$\dot{B}(t) = W(t) + r(t)B(t) - E(t) \tag{3-6}$$

通过构造 Hamilton 函数，对消费者的跨期效用进行优化，由此可得支出随时间变化的欧拉方程：

$$\dot{E}/E = r - \rho \tag{3-7}$$

其中，E 是消费者支出，$\dot{E}$ 为支出 E 对时间 t 的微分，r 是无风险资产收益率。当经济处于长期平衡时，支出增长率为 0，因此有 $r=\rho$，这也说明消费支出增长需建立在无风险资产收益率高于贴现率的基础之上。

在南方与北方具有相同的主观贴现率 ρ 及相等的人口自然增长率 g_L 的情形下，金融市场为北方与南方区域的居民提供同等投资机会，即有 $\dot{B}/B = \dot{B}^*/B^*$。因此，北方初始资产禀赋越多，北方地区支出水平就越高。北方与南方的平均支出为：$\bar{E}=(E+E^{*})/2$，平均资产为$\bar{B}=(B+B^{*})/2$，将式（3-6）改写为：

$$E=W+b(2E-W-W^{*}) \tag{3-8}$$

其中，$b=B/(B+B^{*})$是北方地区的资产禀赋份额。因此，北方更大份额的资产禀赋（$b>1/2$）将导致北方家庭支出增加（$E>E^{*}$）。

3.2.2 厂商行为

传统行业是完全竞争型市场，每个厂商均采用不变规模的生产技术（即1单位的普通劳动力投入将产生1单位的传统产品产出）。因而，相对于传统行业而言，厂商的产出等于所投入的普通劳动力数量，故而有：$C_T=L_T$。

北方地区的制造业企业生产差异化产品，按照垄断竞争模型（Dixit和Stiglitz，1977）进行生产。制造业企业生产x单位的差异化产品，需使用1单位的知识资本与l单位的普通劳动力；而普通劳动力与差异化产品产量之间的数量关系为：

$$l_{Mi}=\beta x_i \tag{3-9}$$

企业按照成本加价法制定最优价格，最优价格高于边际成本①，此时有：

$$p_i=\frac{\sigma}{\sigma-1}\beta w\ ,\ \pi_i=\frac{\beta x_i w}{\sigma-1}\ ,\ \forall i\in[0,K] \tag{3-10}$$

因此，本地企业将按最大化利润原则确定相应的销售价格，将需求函数式（3-4）与生产技术函数式（3-9）相结合，可得到以下形式的极大化利润函数：

$$\pi=\frac{\alpha p^{1-\sigma}[P_M^{\sigma-1}E+\varphi P_M^{*\sigma-1}E^{*}]}{\sigma} \tag{3-11}$$

3.2.3 制造业企业流程创新

制造业企业投资于流程创新，其目的是要通过生产率来提高企业价值，从而降低生产成本并提高销售利润，见式（3-11）。一家北方地区的代表性制造业

① Jan De Loecker, Jan Eeckhout. Global Market Power [R/OL]. NBER Working Paper, No. 24768, 2018-06. http://www.nber.org/papers/w24768. 该文的作者的研究显示，全球134个国家的70000多家企业的成本平均加价倍数已从1980年的1.1左右上升到2016年的1.6左右。所以，厂商的加价能力越来越强，其原因有待进一步探讨。

企业，在流程创新方面将雇用 l_{Ii} 单位普通劳动力，技术进步函数见式（3-12）：

$$\dot{\beta} = k_I l_{Ii} \tag{3-12}$$

其中，k_I 代表制造业企业内部积累的关于生产的技术知识。本章采用生产率水平作为技术知识存量的代理指标，$\dot{\beta}$ 代表生产率提升的增量，这将使得未来劳动生产率得到提高，从而有利于长期、持续稳定增长。

遵循 Smulders 和 Klundert（1995）、Peretto（1996）提出的过程创新框架，将知识溢出模型引入过程创新，可设置 $k_I = (s_i\beta + \delta(1 - s_i)\beta^*)$，其中，$\varpi = \beta/\beta^*$，$s_i \equiv N_i/N$ 是位于第 i 个地区的制造业企业所占的市场份额。虽然各个制造业企业生产率是对称的，但每家企业生产技术都是独特的，且包含技术知识，这既包括可远距离传递的编码知识，也包括只有通过面对面交流才能传授的缄默知识（Keller，2004）。知识扩散程度 $\delta \in (0, 1)$ 反映知识溢出的不完全性：$\delta = 0$ 代表知识溢出是完全本地化的，$\delta = 1$ 代表区域间具有全局性知识溢出。

企业每期总利润等于销售利润减去流程创新的投资成本与每期固定劳动力成本，由于普通劳动力数量足够多，因此可设 $w=1$，此时制造业企业扣减流程创新费用支出后的剩余利润为：

$$\Pi_i = \pi_i - l_{Ii} - f \tag{3-13}$$

企业投资于过程创新以实现企业价值最大化为目标：

$$V_i(t) = \int_t^{\infty} \Pi_i(t') \exp\left(-\int_t^{t'} r(i)\,di\right) dt' \tag{3-14}$$

为求解式（3-14）的最大值，可通过构建哈密尔顿函数 $H_i = \Pi_i + \mu_i k_i l_{Ii}$ 来解决该优化问题。其中，μ_i 表示企业技术改进的当期影子值。由于每个企业均认为自己的规模相对于整个市场来说较小，因此，为实现企业价值最大化，企业将忽视其研发投资对价格指数与知识溢出的影响。

通过求解跨期利润最大化问题，利用静态效率条件 $\mu_i = 1/k_I$，这意味着技术改进边际价值与流程创新的边际成本相等，而动态效率条件则为：$\partial\pi_i/\partial\beta = r\mu_i - \dot{\mu}_i$，因此可得企业进行流程创新投资的无套利条件方程为：

$$r = \frac{(\sigma - 1)\pi k_I}{\beta} - \frac{\dot{k}_I}{k_I} \tag{3-15}$$

3.2.4 产品研发部门

在创新部门，新产品的专利由具有竞争力的实验室生产，这些实验室雇用技术人才，并从知识与技术的空间溢出中获益。根据内生型经济增长理论文献（Romer，1990；Grossman 和 Helpman，1991d），可假定，研究人员的生产力与以往的思想及方法等知识资本正相关，且这些知识资本具有公共品属性。具体而言，当北方区域的知识资本为 K 时，居住在北方地区的每个技术人才的研发效率将由 K 给出。假定经济中的研发人员初期总量通过选用合适的单位将其标准化为 1（$h + h^* = 1$，前文已假设），令北方区域拥有的研发人员数量占比为 λ。同时假定每个区域的知识资本都是所有研发人员之间相互交流知识作用的结果，因为每个领域都需从其他领域学习。但这些相互作用的强度随着这些工人的空间分布而变化，当工人 j 拥有的知识数量为 h（j）时，北方区域可用的知识资本由式（3-16）给出：

$$K = \left[\int_0^{\lambda} h(j)^{\vartheta} dj + \eta \int_0^{1-\lambda} h(j)^{\vartheta} dj\right]^{1/\vartheta}, 0 < \vartheta < 1, h(j) = \zeta K \quad (3-16)$$

专利被知识产权保护的时间长度被假定为无限期，因此生产某种特定产品（基于发明专利的产品）的企业将享有垄断地位。为不失一般性，可令 $\zeta = 1$，同时可将产品品种（或专利）数量增长的运动方程设定为：

$$\dot{K}_{all} = \dot{K} + \dot{K}^* = g_L K_{all}\{c(\lambda)\lambda[\lambda + \eta(1-\lambda)]^{1/\vartheta} + c(\lambda^*)(1-\lambda)(1-\lambda+\eta\lambda)^{1/\vartheta}\} \quad (3-17)$$

$$k(\lambda) = [\lambda + \eta(1-\lambda)]^{1/\vartheta}; k^*(\lambda) = [1-\lambda+\eta\lambda]^{1/\vartheta} \quad (3-18)$$

$$g(\lambda) = c(\lambda)\lambda k(\lambda) + c(1-\lambda)(1-\lambda)k^*(\lambda) \quad (3-19)$$

其中，$\frac{\partial c(\lambda)}{\partial \lambda} > 0, \frac{\partial^2 c(\lambda)}{\partial^2 \lambda} < 0, c(\lambda)$代表产品研发部门的拥塞情况，其存在的结果将导致产品研发不集中于一个地区。

同时为使得研究简单，设定 $c(\lambda)$值最大时的 λ_{max} 满足 $0.5 \leqslant \lambda_{max} \leqslant 1$。此时存在两种平衡状态：一种是研发人员在南方与北方的数量分布呈现为平均对称状态，即(1/2,1/2)的分布状态；另一种分布则属于(λ,1-λ)分布。

容易验证，在 $\eta = 1$ 的情形下，当 $\lambda = 0$ 时，有 $g(0) = c(1)$；当 $\lambda = 1$ 时，有 $g(1) = c(1)$，其中 $\lambda \in [0,1]$；因此，上述运动方程将变成：

$$\dot{K}_{all} = g(\lambda) g_L K_{all} \quad (3-20)$$

3.2.5 平衡路径探讨

为简化探讨难度，下文只研究 λ 比例保持不变的情形。在知识生产函数式（3-16）中，位于北方区域的企业将获取的知识资本为 K。因此，高生产率工人的边际生产率将等于 K。w 为北方地区的平均工资率，而式（3-17）意味着一个新专利的单位成本为 $w/[c(\lambda)K_{all}k(\lambda)]$。企业可自由进入任何行业，因此，在均衡零利润条件下，由专利生产的边际价值与边际成本相等的关系可得：

$$V = w/[c(\lambda)K_{all}k(\lambda)] \tag{3-21}$$

其中，$w = VK_{all}k(\lambda)c(\lambda)$。

给定式（3-20），第 t 期的知识资本存量为（等于制造业企业的数量）：

$$N_{all}(t) = N_{all}(0)e^{g(\lambda)g_L t} \tag{3-22}$$

其中，$N_{all}(0)$ 是产品品种的初期数量，由于在均衡时南方与北方企业的平均利润率 $\pi = \pi^*$ 相等，此时有 $\pi = \pi^* = \frac{\alpha E_{all}}{\sigma N_{all}}$（此式满足的条件是制造业企业的生产率分布是对称的，也即所有制造业企业的生产率相等），进一步可得到：

$$N_{all}(t)\Pi(t) = \frac{\alpha E_{all}}{\sigma}\int_t^{\infty} e^{-(\rho - g_L)(s-t)} \frac{N_{all}(t)}{N_{all}(s)} ds \tag{3-23}$$

根据式（3-22），有 $N(t)/N(s) = exp[-g(\lambda)(s-t)]$，可得：

$$N_{all}(t)\Pi(t) = \frac{\mu E_{all}}{\sigma[\rho - g_L + g(\lambda)g_L]} \equiv a_{all}(\lambda) \tag{3-24}$$

因 $N_{all}(t)\Pi(t) = VK_{all}$，以 $a_{all}(\lambda)$ 代替式（3-21）可得每个地区研发人员的均衡工资率为：

$$w(\lambda) = a_{all}(\lambda)k(\lambda)c(\lambda) \tag{3-25}$$

$$w^*(\lambda) = a_{all}(\lambda)k^*(\lambda)c(\lambda^*) \tag{3-26}$$

北方地区所有劳动者在任何时候的总支出等于普通劳动者工资收入与研发人员的工资总和，即有：

$$\begin{aligned} E_r(\lambda) &= \frac{L}{2} + \lambda[(\rho - g_L)a_{all}(\lambda) + w(\lambda)] \\ &= \frac{L}{2} + \lambda a_{all}(\lambda)[\rho - g_L + c(\lambda)k(\lambda)] \end{aligned} \tag{3-27}$$

使用式（3-25）和式（3-26），可得到：

$$\frac{E(\lambda)}{E^*(\lambda)} = \frac{L/2 + \lambda a_{all}(\lambda)[\rho - g_L + c(\lambda)k(\lambda)]}{L/2 + (1-\lambda)a_{all}(\lambda)[\rho - g_L + c(\lambda^*)k^*(\lambda)]} \tag{3-28}$$

$$s_E = \frac{L/2 + \lambda a_{all}(\lambda)[\rho - g_L + c(\lambda)k(\lambda)]}{L + a_{all}(\lambda)[\rho - g_L + g(\lambda)g_L]} \tag{3-29}$$

$$s_n = \frac{n}{N} = 0.5 + \frac{1+\delta}{1-\delta}(s_E - 0.5) = 0.5 +$$

$$\frac{1+\varphi}{1-\varphi}\left[\frac{L/2 + \lambda a_{all}(\lambda)[\rho - g_L + c(\lambda)k(\lambda)]}{L + a_{all}(\lambda)[\rho - g_L + g(\lambda)g_L]} - 0.5\right] \tag{3-30}$$

式（3-30）表明产品创新将影响北方地区的支出份额。由此可得到【定理 3-1】。

【**定理 3-1**】创新投入的地区份额将影响企业生产与消费支出的地区份额。

在式（3-30）中，人口自然增长率对北方与南方地区的支出份额与生产份额的影响（为正向或负向）则不确定（取决于其他因素）；因 g_L 的增长将影响 $c(\lambda)$ 值的变化，而 c（λ）值还取决于研发环境的改善等因素。但对于一个人口正在增长的世界，多个创新中心同时并存往往是区域经济发展史的自然选择，如 2018 年世界的科技创新中心，不仅有美国的硅谷、波士顿、纽约及英国的伦敦，也有日本的东京，还有我国的深圳、北京、上海、香港等地。同时新创新中心的形成，也将导致旧创新中心与原外围区域创新差异的缩小。

而对于生产率差异的影响，结合式（3-12）即有 $\varpi = \beta/\beta^*$，因此可有：

$$\ln(\dot{\varpi}/\varpi) = \ln(\dot{\theta}/\dot{\theta}^*) - \ln(\theta/\theta^*) = \ln(kl_R/k^*l_R^*) - \ln(\theta/\theta^*) \tag{3-31}$$

由式（3-31）得：

$$\frac{\partial\ln(\dot{\varpi}/\varpi)}{\partial\ln(l_R/l_R^*)} > 0 \tag{3-32}$$

【**定理 3-2**】当创新投入的差异减小时，生产率差异也将变小。

但在更一般的情形下，往往会发生研发人员的跨区域流动，因此 λ 值将发生改变，此外也可能会发生研发人员从事普通劳动者的工作，即出现 $w(\lambda_t) < 1$ 等情形。由于产品创新部门的工资与利润来源于制造业部门的企业收入扣除雇用劳动力工资与流程创新费用后的剩余利润。因而，流程创新能否为研发部门提供更多的产品创新激励取决于其是否节约更多的可变成本、更大程度地提高劳动生产率，从而使得企业总成本变小，增强对产品创新等研发工作的支持。特别是我国人工智能等新技术在制造业与服务业中大量使用，这提高了劳动生产率，将为更多人开展研发工作提供支撑，技术创新也需建立在一定的经济基础条件之上。

3.3 区域创新差异变动趋势的刻画

多种方法可用于刻画地区发展差异程度，本书借用基尼系数概念，基尼系数由洛伦茨（M. Lorenz）曲线发展而来。洛伦茨（M. Lorenz）将居民家庭户数累计占比与居民收入占比联系在一起用于揭示收入分配的均衡性，被后来学者称为洛伦茨曲线。其优点是直观可观测，但缺点是不利于量化研究与比较。意大利经济学家基尼提出一个用于计算收入分配状况的系数，被称为基尼系数。基尼系数在理论上的应用很多，同时也被各经济学家应用于多个场景，如 Krugman（1991b）、Audretsch 和 Feldman（1996）使用"区位基尼系数"来研究制造业的空间集聚状况；梁琦（2003）等学者以工业区位基尼系数研究外商直接投资对制造业集聚的影响。但是基尼系数本身也存在一些问题，如 Brulhart 和 Traeger（2005）、蒲业潇（2011）、戴平生（2015）等指出其受企业规模、地理单元设定、产业分类等影响。因此一些学者如 Ellison 和 Glaeser（1997）通过提供一种替代方法（EG 指数）来改善区位基尼系数指数，其控制了工厂规模的大小差异和获得数据的地理区域大小差异。

本书借鉴黄涛等（2006）人均 GDP 分布的基尼系数等研究，并在此基础上提出人均创新投入地区基尼系数和人均创新产出地区基尼系数的计算方法，可将其表述如下：用 Y_i 代表第 i 个子群的创新产出或创新投入，P_i 表示第 i 个子群的人口总数。假设以 i 编号，对各子群人均创新产出与人均创新投入进行从小到大排列。为进一步计算基尼系数，需得到各子群的创新投入、创新产出、人口数量等占总体的比重，例如对人均创新产出地区基尼系数进行计算，可定义：$y_i = Y_i/Y$，$p_i = P_i/P$。其中，y_i 代表第 i 个子群创新产出占总体创新产出的比重，而 p_i 则代表第 i 个子群人口数量占总体人口数量的比重。进一步定义 $y_i^s = \sum_{j=1}^{i} y_j$，$p_i^s = \sum_{j=1}^{i} p_j$。其中，$y_i^s$ 的含义为按创新产出比重由小到大进行排序后，排在第 i 个位置前的所有子群的累积创新产出比，而 p_i^s 则为排在第 i 个子群的累积人口数量比重，洛伦茨曲线的示意可见图 3-1。

在图 3-1 中，在 $[0,1]\times[0,1]$ 的方框内，从原点（记为 $p_0^s = 0$，$y_0^s = 0$）开始，（p_i^s，y_i^s）之间的顺序连线构成洛伦茨曲线，洛伦茨曲线和 45 度线构成的

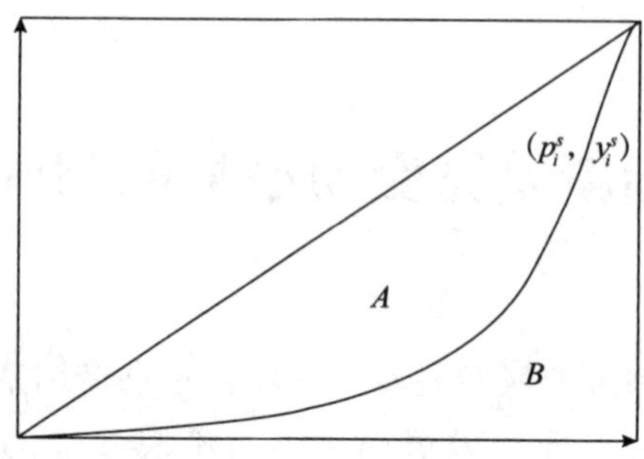

图 3-1 洛伦茨曲线的示意图

区域面积 A 与 45 度线下的面积（$A+B$）之比就是基尼系数，故而有：$Gini = A/(A+B)$。

而对于区域 B 的面积，可采用定积分方式进行求解。当 n 比较大时，由点 (p_{i-1}^s, y_{i-1}^s) 到 (p_i^s, y_i^s) 曲线下的图形近似为一个梯形，因此 B 可计算为：

$$B = \sum_{i=1}^{i=n}((y_{i-1}^s + y_i^s)/2)(p_i^s - p_{i-1}^s) = \frac{1}{2}\sum_{i=1}^{i=n}(2y_i^s - \Delta y_i)\Delta p_i$$

或 $B = \sum_{i=1}^{i=n}(y_i^s - y_{i-1}^s)(1 - p_{i-1}^s + 1 - p_i^s)/2 = \frac{1}{2}\sum_{i=1}^{i=n}\Delta y_i(2 - 2p_i^s + \Delta p_i)$

由此可得基尼系数为：

$$Gini = 1 - \sum_{i=1}^{n}(2y_i^s - \Delta y_i)\Delta p_i = 1 - \sum_{i=1}^{n}\Delta y_i(2 - 2p_i^s + \Delta p_i)$$

关于人均创新投入、人均创新产出的地区基尼系数的意义，可参照人均 GDP 基尼系数、人均收入基尼系数等。其可用于描述我国创新投入、创新产出的区域差异，数值越大表示各地区创新发展差异越大。当人均创新投入、人均创新产出的地区基尼系数值接近于 0 时，表明地区间创新发展差异不大；而当人均创新投入、人均创新产出的地区基尼系数值接近于 1 时，则表示地区间创新发展差异极大。为进一步详细研究我国创新投入、创新产出的区域差异变化情况，本章分别计算人均创新投入、人均创新产出地区基尼系数与人均 GDP 地区基尼系数，同时研究这三者间的统计关系。

3.4 区域创新差异变动趋势的分析

3.4.1 我国创新投入不均衡变动趋势

利用本章的基尼系数计算公式，以我国 31 个省市为子群，以全国为总体，首先计算各时期我国人均 R&D 经费内部支出地区基尼系数的总体变化情况，其变动趋势如图 3-2 所示：

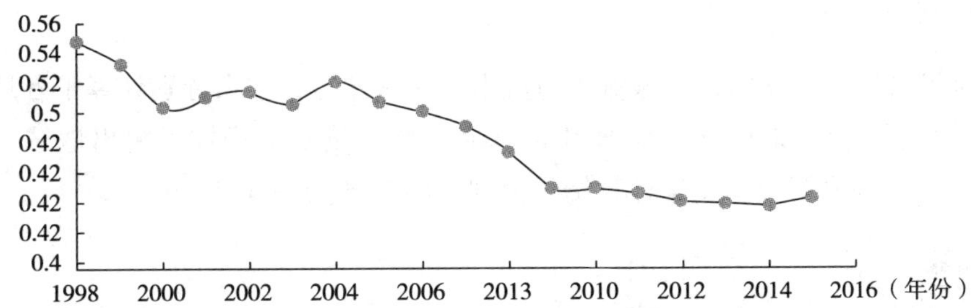

图 3-2 1998~2015 年我国各地区 R&D 经费内部支出基尼系数变化

注：横轴为年份，纵轴为相应的基尼系数。

资料来源：《中国科技统计年鉴》。

从图 3-2 可知，人均 R&D 经费内部支出的基尼系数值总体呈现为下降趋势，特别是自 2005 年以来，总体上我国 R&D 经费内部支出的区域差异呈缩小趋势。

3.4.2 创新产出的区域差异变动趋势

以我国各地区的人均专利授权数衡量各地区的创新产出水平，依据本章的基尼系数计算公式按年度逐年计算我国人均专利授权地区基尼系数，可得图 3-3。

从图 3-3 可观察到，自 1998 年以来，我国创新产出的区域差异——人均专利授权地区基尼系数呈现为先上升、后下降趋势。与图 3-2 相比，人均专利授权地区基尼系数的变动趋势具有相对滞后性，因此人均 R&D 经费内部支出基尼系数的缩小并不能保证人均创新产出地区基尼系数的当期减小，具有时间滞后性。

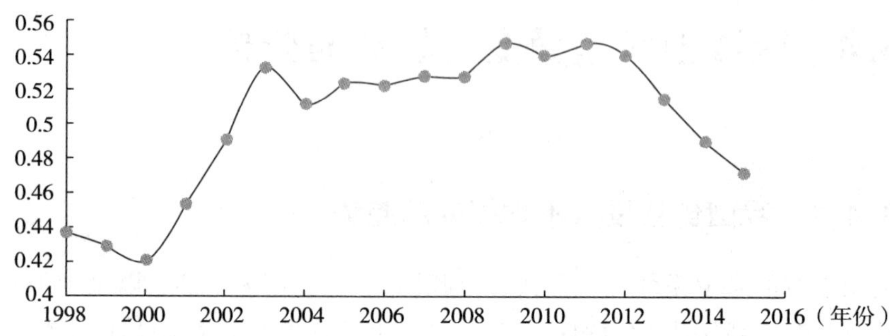

图 3-3　1998~2015 年我国人均专利授权地区基尼系数变动趋势

注：横轴为年份，纵轴为相应的基尼系数。

资料来源：《中国统计年鉴》。

对于新技术与新知识区域流入与流出的区域差异，本章分别计算了各地区技术市场技术流向地域（合同金额）基尼系数与技术市场技术输出地域（合同金额）的基尼系数，逐年计算结果分别见图 3-4 与图 3-5。

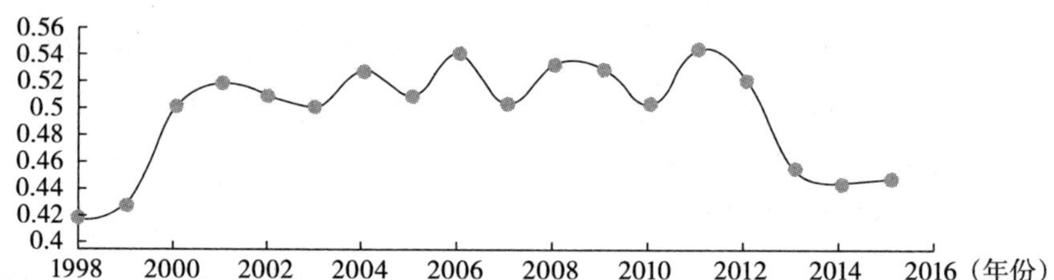

图 3-4　1998~2015 年我国各地区技术市场技术流向地域（合同金额）基尼系数

注：横轴为年份，纵轴为各地区人均技术合同地区基尼系数。

资料来源：《中国科技统计年鉴》。

从图 3-4 可观察到 1998~2015 年，我国技术市场交易的技术性合同金额流向呈现为先上升后下降的倒“U”形趋势。

从图 3-5 也可观察到：我国各区域技术市场交易输出区域的基尼系数值同样也呈现为先上升、后下降的倒“U”形趋势，这一趋势与图 3-4 基本一致。

3.4.3　典型省份的创新投入与创新产出的变动趋势

为进一步考察我国处于不同发展阶段的地区创新投入与创新产出的基尼系数变化情况，探讨我国总体与各地区部分之间的差异。本章计算了我国一些典

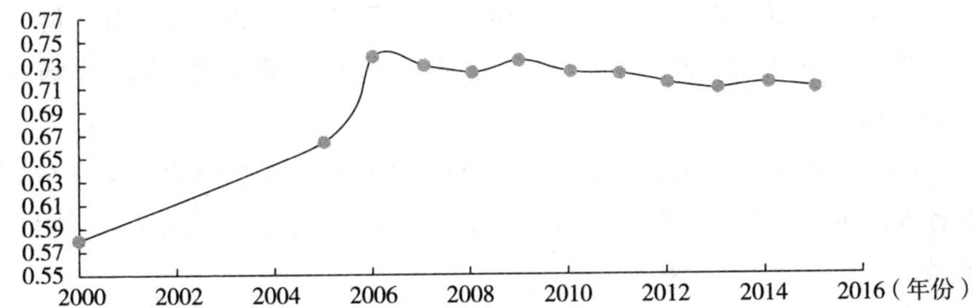

图 3-5　我国各地区不同的技术市场技术输出地域（合同金额）的基尼系数变动趋势

注：横轴为年份，纵轴为各地区人均技术合同地区基尼系数。

资料来源：《中国科技统计年鉴》。

型省份人均创新投入、人均创新产出的基尼系数值，其中各省份基尼系数计算过程中的子群是各地级市，总体是全省。

下文将依次图示分析我国第一经济大省广东；中部省份——河南、湖南、安徽；西部省份——甘肃、四川等省份的人均创新投入、人均创新产出基尼系数的变动趋势。

对于东部沿海发达地区——广东省的人均创新投入基尼系数与人均创新产出基尼系数的变动趋势，具体计算结果见图 3-6。

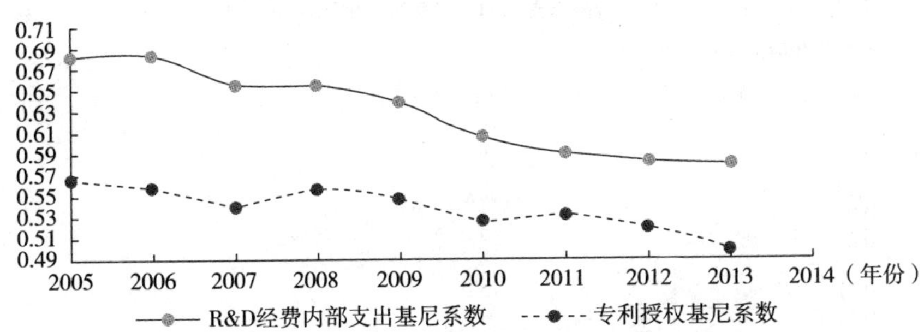

图 3-6　广东省人均 R&D 经费内部支出与人均专利授权的基尼系数变化

注：其中实线代表人均 R&D 经费内部支出的基尼系数，虚线代表人均专利授权的基尼系数。横轴为年份，纵轴为相应的基尼系数。

资料来源：《广东统计年鉴》与《广东科技统计年鉴》。

从图 3-6 可观察到：相比于全国总体的基尼系数，广东省的基尼系数无论从创新投入——人均 R&D 经费内部支出基尼系数，还是创新产出——人均专利授权基尼系数，都要高于全国基尼系数的平均水平。人均 R&D 经费内部支出基尼系数从 2006 年开始下降，而人均专利授权基尼系数则从 2008 年开始下降。

中部地区人均创新投入与人均创新产出的基尼系数变动趋势则见图 3-7~图 3-10。

对于中部地区经济与人口大省河南省而言，按照是否包含直辖县，分别计算河南省人均 R&D 经费内部支出基尼系数与人均专利授权基尼系数，根据计算结果做出图 3-7 与图 3-8。

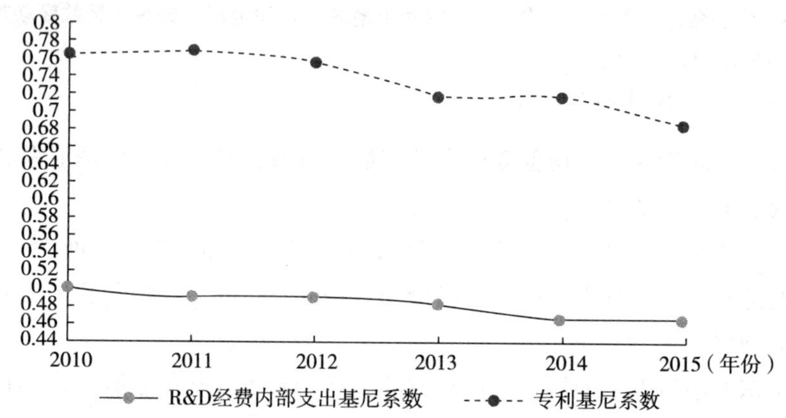

图 3-7　包含直辖县的河南省人均 R&D 经费内部支出与人均专利授权的基尼系数

注：其中实线代表人均 R&D 经费内部支出的基尼系数，虚线代表人均专利授权的基尼系数。横轴为年份，纵轴为相应的基尼系数。

资料来源：《河南统计年鉴》和《河南科技统计年鉴》。

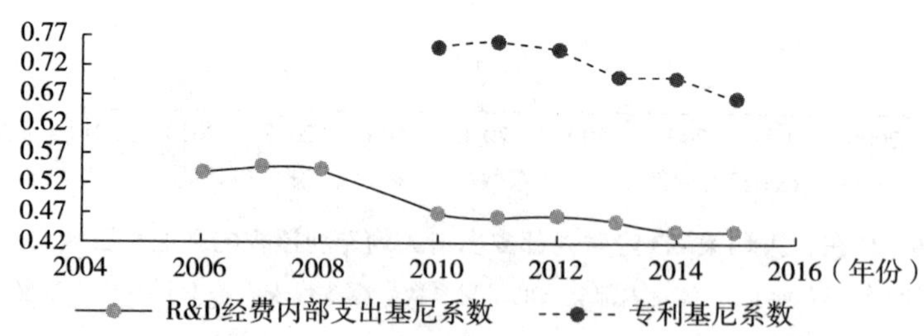

图 3-8　不包含直辖县的河南省人均 R&D 经费内部支出与人均专利授权的基尼系数

注：其中实线代表人均 R&D 经费内部支出的基尼系数，虚线代表人均专利授权的基尼系数。横轴为年份，纵轴为相应的基尼系数。

资料来源：《河南统计年鉴》和《河南科技统计年鉴》。

对比图 3-6、图 3-7、图 3-8 可得：同一时期广东省人均 R&D 经费内部支出的基尼系数要高于河南省，但是人均专利授权的基尼系数则要低于河南。也即广东省创新投入的区域差异程度要高于河南省，但创新产出的区域差异要低于河南省。

对于我国中部的另一大省湖南省人均 R&D 经费内部支出的基尼系数变动趋势则见图 3-9。

从图 3-9 可观察到，从 2005 年开始，湖南省人均 R&D 经费内部支出的基尼系数呈不断递减趋势。这一趋势与全国 R&D 经费内部支出基尼系数的变动趋势基本是一致的。

从图 3-10 可观察到，2010~2015 年，安徽省人均 R&D 经费内部支出基尼系数与人均专利授权基尼系数都呈现为向下变动趋势，同时两者在图 3-10 中呈现为“剪刀差”的图形特征，人均专利授权基尼系数相较人均 R&D 经费内部支出基尼系数要减小得更快。

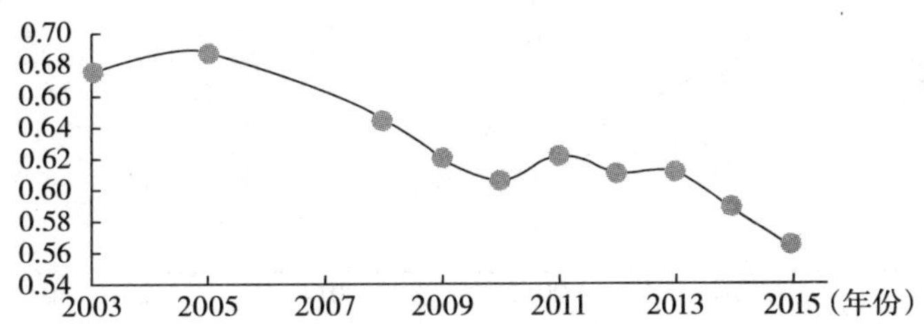

图 3-9　湖南省人均 R&D 经费内部支出的基尼系数变化

注：其中实线代表人均 R&D 经费内部支出的基尼系数。横轴为年份，纵轴为相应的基尼系数。

资料来源：《湖南统计年鉴》和《湖南科技统计年鉴》。

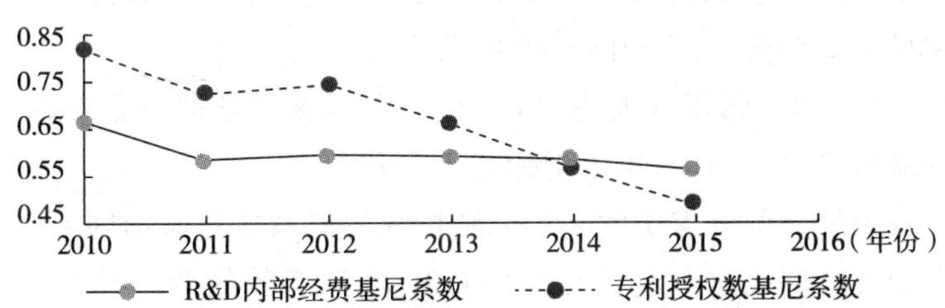

图 3-10　安徽省人均 R&D 经费支出与人均专利授权的基尼系数变化

注：其中实线代表人均 R&D 经费内部支出的基尼系数，虚线代表人均专利授权基尼系数。横轴为年份，纵轴为相应的基尼系数。

资料来源：《安徽统计年鉴》。

对于我国西部地区，主要分析人口规模与地域较小省份——甘肃省，以及人口规模大省——四川省。甘肃省与四川省的人均 R&D 经费内部支出基尼系数的计算结果分别见图 3-11、图 3-12。

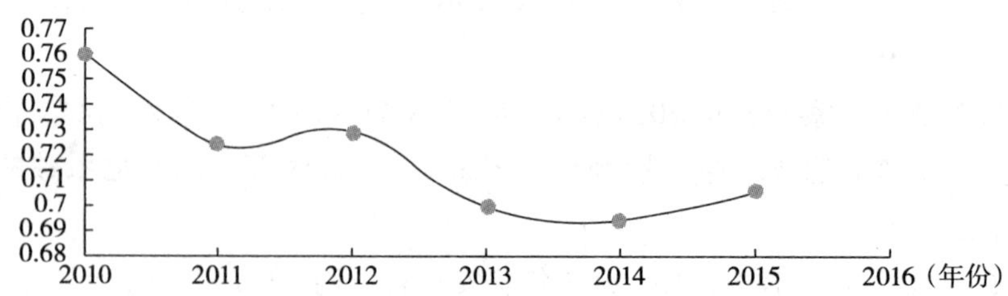

图 3-11 甘肃省人均 R&D 经费内部支出基尼系数变化

注：实线代表人均 R&D 经费内部支出基尼系数，横轴为年份，纵轴为相应的基尼系数。

资料来源：《甘肃统计年鉴》。

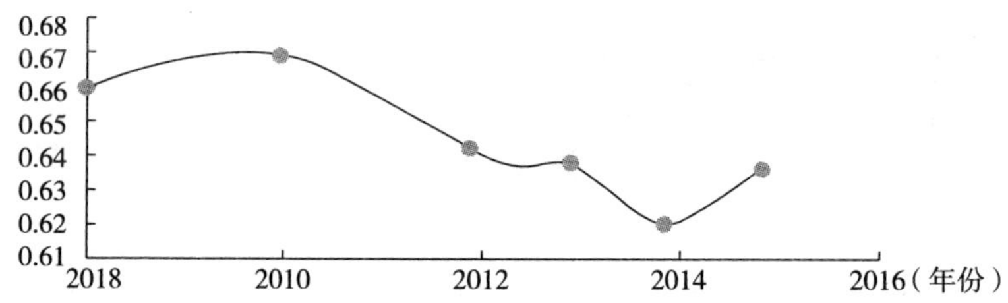

图 3-12 四川省人均 R&D 经费内部支出基尼系数变化

注：实线代表人均 R&D 经费内部支出基尼系数，横轴为年份，纵轴为相应的基尼系数。

资料来源：《四川统计年鉴》和《四川科技统计年鉴》。

从图 3-11 中可观察到：2010~2014 年，甘肃省人均 R&D 经费内部支出基尼系数大体呈下降趋势，而 2015 年则有所上升。

如图 3-12 所示，四川省人均 R&D 经费内部支出基尼系数 2008~2014 年总体处于下降阶段，但 2015 年该指标有所上升。

总之，我国绝大部分省份的人均创新投入基尼系数与人均创新产出基尼系数均有变小趋势，那么这一趋势与人均 GDP 基尼系数的变动趋势有着怎样的关联？在 3.2 节，本章借助 NEGG 模型阐释创新投入要素数量增长与各地区产出份额变动之间的关系，在此基础上，本章继续采用向量自回归模型及格兰杰因果检验来确定人均创新投入地区基尼系数、人均创新产出地区基尼系数、人均 GDP 地区基尼系数之间的因果关联及时滞效应。

3.5 创新与人均 GDP 基尼系数变动时滞的分析

3.5.1 向量自回归模型（VAR）

本章基于数据的统计学性质特征建立非结构化向量自回归模型来判断与识别各地区创新投入基尼系数、创新产出基尼系数与各地区经济发展水平基尼系数之间的因果关系，按照 Sims（1980）提出的“向量自回归分析”（Vector Auto-Regression，VAR），可假设存在三个时间序列变量 $\{y_{1t}, y_{2t}, y_{3t}\}$，既分别作为三个回归方程的被解释变量，同时又以这三个变量的 p 阶滞后值作为解释变量，因此构成一个三元 VAR（p）系统，其可表达为：

$$\begin{cases} y_{1t} = \alpha_{10} + \alpha_{11}y_{1,t-1} + \cdots + \alpha_{1p}y_{1,t-p} + \beta_{11}y_{2,t-1} + \cdots + \\ \qquad \beta_{1p}y_{2,t-p} + \gamma_{11}y_{3,t-1} + \cdots + \gamma_{1p}y_{3,t-p} + \varepsilon_{1t} \\ y_{2t} = \alpha_{20} + \alpha_{21}y_{1,t-1} + \cdots + \alpha_{2p}y_{1,t-p} + \beta_{21}y_{2,t-1} + \cdots + \\ \qquad \beta_{2p}y_{2,t-p} + \gamma_{21}y_{3,t-1} + \cdots + \gamma_{2p}y_{3,t-p} + \varepsilon_{2t} \\ y_{3t} = \alpha_{30} + \alpha_{31}y_{1,t-1} + \cdots + \alpha_{3p}y_{1,t-p} + \beta_{31}y_{2,t-1} + \cdots + \\ \qquad \beta_{3p}y_{2,t-p} + \gamma_{31}y_{3,t-1} + \cdots + \gamma_{3p}y_{3,t-p} + \varepsilon_{3t} \end{cases} \tag{3-33}$$

其中，$\{\varepsilon_{1t}\}$、$\{\varepsilon_{2t}\}$ 和 $\{\varepsilon_{3t}\}$ 均为白噪声过程（故不存在自相关）；y_{1t} 代表人均 GDP 地区基尼系数（*gdpgink*）；y_{2t} 代表各地区创新投入——人均 R&D 经费内部支出地区基尼系数（*rdgink*）；y_{3t} 代表各地区创新产出——人均专利授权地区基尼系数（*patentgink*）。

3.5.2 统计描述与信息准则检验

表 3-2 各研究变量的统计描述

变量	观测值数	平均值	方差	最小值	最大值	时间区间
gdpgink	18	0.2435	0.0260	0.2033	0.2764	1998~2015 年
rdgink	18	0.4831	0.0367	0.4375	0.5468	1998~2015 年
patentgink	18	0.5019	0.0424	0.4203	0.5480	1998~2015 年

在表 3-2 中，人均专利授权地区基尼系数的平均值大于人均 R&D 经费内部支出基尼系数，同时也高于人均 GDP 地区基尼系数，这说明以专利授权为表征的创新产出在地理空间上更集中。

而针对 VAR 建模，首先需要确定滞后阶数，以及 VAR 系统所包含的变量个数。为确定人均创新产出地区基尼系数、人均创新投入地区基尼系数以及人均 GDP 基尼系数所组成的 VAR 模型阶数，按照信息准则加以确定，表 3-3 给出各种信息准则下的检验结果。

表 3-3　各种信息准则下检验结果

lag	LL	LR	df	p	FPE	AIC	HQIC	SBIC
0	84. 12	—	—	—	0. 00	-16. 22	-16. 32	-16. 13
1	122. 28	76. 33	9	0	0. 00	-22. 06	-22. 46	-21. 69
2	168. 53	92. 50	9	0	8. 4e-17*	-29. 51	-30. 20	-28. 87
3	1034. 23	1731. 40	9	0	—	-200. 85	-201. 84	-199. 94
4	1049. 12	29. 79	9	0	—	-203. 83	-204. 82	-202. 92
5	1045. 54	-7. 17	9	—	—	-203. 11	-204. 10	-202. 20
6	1042. 45	-6. 17	9	—	—	-202. 49	-203. 49	-201. 58
7	1062. 46	40. 01	9	0	—	-206. 49	-207. 49	-205. 58
8	1071. 26	17. 609	9	0. 04	—	-208. 252	-209. 248	-207. 344

注：8. 4e-17 代表 8. 4 乘以 10 的负 17 次方。“LL” 表示对数似然函数；“LR” 表示似然比检验，其是对最后一阶系数的联合显著性进行似然比检验，随后的 *df* 与 *p* 分别表示似然比统计量的自由度与 *p* 值；“FPE” 表示 Akaike's Final Prediction Error，度量向前一期预测的均方误差（MSE of one-step a head forecast）。SBIC 即为 BIC 准则。

资料来源：笔者自制。

根据 LR、AIC、HQIC、SBIC 准则，VAR 模型将选择滞后 8 阶，而根据 FPE 准则，则选择滞后 2 阶。考虑到本章样本量比较小，所以最后选择是滞后 2 阶结果。事实上也只能选择 2 阶，若选择滞后 8 阶段，则需估计 3×25=75 个参数，对于本章的小样本来说，不太适合。

3. 5. 3　VAR 模型的计量结果

在表 3-4 中，由于本章的统计计量样本是小样本，因此使用 T 统计量，而不是 Z 统计量。从表 3-4 中可得到向量方程，即人均 GDP 地区基尼系数和人均创新投入基尼系数对人均创新产出基尼系数具有显著影响，同时不同的滞后阶数对人均创新产出地区基尼系数也具有不同影响。例如以被解释变量——人均专利授权地区基尼系数为例，人均 GDP 地区基尼系数的一阶滞后值对当期的人均创新产出地区基尼系数具有负向影响；人均创新投入地区基尼系数的一阶滞后值与人均创新产出地区基尼系数的一阶滞后值对当期人均创新产出地区基尼系数具有正向影响；人均 GDP 地区基尼系数的二阶滞后值对当期人均创新产出地区基尼系数具有正向影响；人均创新投入地区基尼系数的二阶滞后值与人均创新产出地区基尼系数的一阶滞后值对当期人均创新产出地区基尼系数具有负向影响。

表 3-4 VAR 模型的计量分析表

变量	(1)		(2)	
	系数值	T 统计量	系数值	T 统计量
gdpgink	—	—	—	—
gdpgink	—	—	—	—
L1.	0.8465	1.71	1.0368**	2.76
L2.	0.2533	0.68	-0.2958	-0.96
rdgink	—	—	—	—
L1.	0.0674	0.29	0.1738	0.82
L2.	-0.2113	-1.35	0.0270	0.17
patentgink	—	—	—	—
L1.	-0.1165	-0.81	—	—
L2.	-0.0978	-0.75	—	—
_cons	0.1509	1.92	-0.0357	-0.95
rdgink	—	—	—	—
gdpgink	—	—	—	—
L1.	1.3217	1.39	1.3390**	2.30
L2.	-0.5331	-0.75	-0.9546*	-2.02
—	—	—	—	—
rdgink	—	—	—	—
L1.	0.3062	0.69	0.4628	1.41
L2.	-0.1704	-0.57	0.0421	0.17

续表

变量	(1)		(2)	
	系数值	T 统计量	系数值	T 统计量
patentgink	—	—	—	—
L1.	-0. 1614	-0. 59	—	—
L2.	-0. 0377	-0. 15	—	—
_cons	0. 3209 *	2. 13	0. 1410 **	2. 42
patentgink	—	—	—	—
gdpgink	—	—	—	—
L1.	-1. 8341 *	-2. 11	—	—
L2.	3. 0487 ***	4. 67	—	—
rdgink	—	—	—	—
L1.	0. 3172	0. 79	—	—
L2.	-1. 1193 ***	-4. 08	—	—
patentgink	—	—	—	—
L1.	0. 8447 ***	3. 37	—	—
L2.	-0. 6471 **	-2. 82	—	—
_cons	0. 4951 ***	3. 60	—	—

资料来源：笔者自制。

3. 5. 4 VAR 模型的各种检验

首先，针对 VAR 模型各阶系数的联合显著性进行检验，结果见表 3-5。

表 3-5 联合显著性检验结果

	滞后阶数	F 值	自由度	P>F
gdpgink	1 阶	2. 8920	3	0. 0946
	2 阶	0. 7045	3	0. 5730
rdgink	1 阶	2. 9895	3	0. 0883
	2 阶	0. 8118	3	0. 5188
patentgink	1 阶	5. 2609	3	0. 0227
	2 阶	8. 9190	3	0. 0046

续表

	滞后阶数	F 值	自由度	P>F
All	1 阶	6.6133	9	0.0048
	2 阶	8.2872	9	0.0021

注：表中使用的 stata 命令为 varwle。
资料来源：笔者自制。

在表 3-5 中，一阶系数显著，而二阶系数除人均专利授权地区基尼系数在 0.01 的显著性水平显著外，其他均不显著。但以三个方程作为整体检验，1 阶与 2 阶的系数均高度显著。

其次，检验残差项是否为白噪声过程，即残差项是否存在自相关，结果见表 3-6。

表 3-6　自相关检验结果

Lagrange-multipliertest			
滞后阶数	卡方值	自由度	相应的 P 值
1 阶	16.8006	9	0.05193
2 阶	13.5198	9	0.14046

资料来源：笔者自制。

表 3-6 的结果显示，由于滞后 2 阶的拉格朗日乘数的卡方值较小，相应的 P 值较大，无法拒绝原假设，因此可接受残差“无自相关”的原假设，认为扰动项服从白噪声过程。

再次，检验该 VAR 系统是否具有稳定性（为平稳过程），结果见表 3-7 与图 3-13。

表 3-7　平稳检验结果

Eigen value stability condition	
Eigen value	Modulus
0.8518168+0.2464338i	0.886748
0.8518168-0.2464338i	0.886748
0.3067931+0.6124368i	0.684982

续表

Eigen value stability condition	
0. 3067931-0. 6124368i	0. 684982
-0. 3594748	0. 359475
0. 03956219	0. 039562

注：All the eigen values lie in side the unit circle. VAR satisfies stability condition.

如图 3-13 所示，所有特征值均在单位圆之内，故该 VAR 系统具有稳定性。但有两个根比较靠近单位圆，一种可能的解释是有些冲击具有较久的持续性（persistence）。

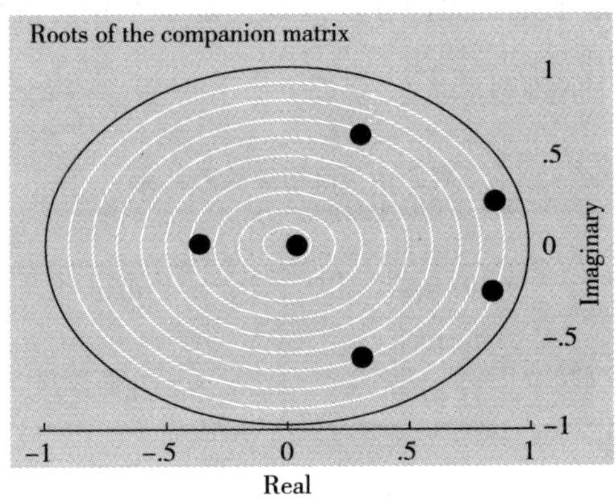

图 3-13　VAR 系统稳定性判别

资料来源：笔者绘制。

最后，检验 VAR 模型的计量残差项是否服从正太分布，结果见表 3-8。

表 3-8　正太分布检验结果

Equation		chi2	自由度	相应的 P 值
Jarque-Beratest	—	—	—	—
gdpgink	—	3. 875	2	0. 14409
rdgink	—	2. 166	2	0. 33860
patentgink	—	3. 09	2	0. 21331
ALL	—	9. 13	6	0. 16637

续表

Skewnesstest	Skewness	chi2	自由度	相应的 P 值
gdpgink	-0. 2154	0. 124	1	0. 7251
rdgink	-0. 3464	0. 32	1	0. 5716
patentgink	-0. 1252	0. 042	1	0. 8381
ALL	—	0. 485	3	0. 9221
Kurtosistest	Kurtosis	chi2	自由度	相应的 P 值
gdpgink	0. 6280	3. 751	1	0. 0528
rdgink	1. 3360	1. 846	1	0. 1743
patentgink	0. 8617	3. 048	1	0. 0808
ALL	—	8. 645	3	0. 0344

资料来源：笔者自制。

从表 3-8 的检验结果来看，绝大多数的检验结果均在 0. 1 的显著性水平上接受 2 个变量的扰动项服从正太分布的原假设。当然在 Kurtosis 检验中，人均 GDP 地区基尼系数、人均专利授权地区基尼系数以及三者联合检验的相应 P 值均相对较小，也即拒绝服从正太分布的原假设。

而为进一步确定人均 GDP 地区基尼系数、人均 R&D 经费内部支出地区基尼系数、人均专利授权地区基尼系数的影响顺序，本章进行格兰杰因果检验及交叉相关系数分析。

3. 5. 5 格兰杰因果检验与交叉相关系数分析

表 3-9 格兰杰因果检验分析

	Excluded	F 统计量	Prob>F	F 统计量	Prob>F
gdpgink	rdgink	0. 9493	0. 4226	0. 9641	0. 4113
	patentgink	3. 7854	0. 0641	—	—
	ALL	2. 6189	0. 1060	0. 9641	0. 4113
rdgink	gdpgink	1. 2672	0. 3274	2. 6581	0. 1144
	patentgink	0. 8741	0. 4499	—	—
	ALL	1. 7357	0. 2258	2. 6581	0. 1144

续表

	Excluded	F 统计量	Prob>F	F 统计量	Prob>F
patentgink	gdpgink	16.4440	0.0010	—	—
	rdgink	8.7816	0.0077	—	—
	ALL	9.0391	0.0032	—	—

资料来源：笔者自制。

在表 3-9 左上部以人均 GDP 地区基尼系数（*gdpgnik*）为被解释变量的方程中，检验变量人均创新投入地区基尼系数（*rdgink*）的联合显著性（即在方程中排除 *rdgnik*），由于其 F 值为 0.9493，相应的 P 值为 0.2867，故可认为人均创新投入地区基尼系数（*rdgink*）不是人均 GDP 地区基尼系数（*gdpgink*）的格兰杰原因，而检验变量人均创新产出地区基尼系数（*patentgink*）的联合显著性，由于其 F 值为 3.7854，相应的 P 值为 0.0641。在 0.1 的显著性水平下，可以拒绝"人均创新产出地区基尼系数（*patentgink*）不是人均 GDP 地区基尼系数（*gdpgink*）"的原假设。而如果同时检验 *rdgink* 与 *patentgink* 系统的联合显著性，其 F 值为 2.6189，相应的 P 值为 0.106，所以在 0.1 的显著性水平下，无法拒绝 *rdgink* 与 *patentgink* 都不是 *gdpgink* 格兰杰原因的原假设。但其联合不显著的很大原因来自 *rdgink* 的不显著。因此，综合可认为 *patentgink* 是 *gdpgink* 的格兰杰原因。

表 3-9 左中部以人均创新投入地区基尼系数（*rdgink*）为被解释变量，检验 *gdpgink* 与 *patentgink* 各自的联合显著性，所得的各自 F 值及相对应的 P 值，在 0.1 的显著性水平上，均无法拒绝 *gdpgink* 与 *patentgink* 不是 *rdgink* 的格兰杰原因的原假设，且联合检验也无法拒绝原假设。

表 3-9 左下部以人均创新产出地区基尼系数（*patentgink*）为被解释变量，检验 *gdpgink* 与 *rdgink* 各自的联合显著性，所得的各自 F 值及相对应的 P 值，在 0.01 的显著性水平上，都强烈拒绝 *gdpgink* 与 *rdgink* 不是 *patentgink* 的格兰杰原因的原假设，且联合检验也强烈拒绝原假设。

表 3-9 的右上部绿色部分（阴影部分），以 *gdpgnik* 为被解释变量的方程中，检验变量 *rdgink* 系数的联合显著性（即在方程中排除 *rdgnik*），其 F 值为 0.9641，相应的 P 值为 0.4113，故可认为 *rdgink* 不是 *gdpgink* 的格兰杰原因。类似地，在表 3-9 右中部，以 *rdgnik* 为被解释变量的方程中，检验变量 *gdpgnik* 的联合显著性，其 F 值为 2.6581，在显著性 0.15 的置信水平下，拒绝 *gd-*

pgnik 不是 *rdgnik* 的格兰杰原因的原假设。

因此，综上可说明，人均 GDP 地区基尼系数是人均创新投入地区基尼系数的格兰杰原因，但是反之不成立。人均创新投入地区基尼系数是人均创新产出地区基尼系数的格兰杰原因，反之也不成立。而人均 GDP 地区基尼系数与人均创新产出地区基尼系数之间互为格兰杰因果。

但是格兰杰因果未能给出各出现变量的顺序，因而需要通过计算交叉相关系数来进行判断，表 3-10 是计算所得的交叉相关系数列表。

表 3-10　交叉相关系数列

(1)		(2)		(3)	
gdpginkrdgink		*rdginkpatentgink*		*gdpginkpatentgink*	
LAG	*CORR*	*LAG*	*CORR*	*LAG*	*CORR*
-6	0. 2036	-6	-0. 5055	-6	-0. 6196
-5	0. 4196	-5	-0. 5805	-5	-0. 7302
-4	0. 5835	-4	-0. 6535	-4	-0. 7785
-3	0. 7187	-3	-0. 6617	-3	-0. 7713
-2	0. 7875	-2	-0. 5981	-2	-0. 6275
-1	0. 8537	-1	-0. 551	-1	-0. 4312
0	0. 8538	0	-0. 5362	0	-0. 1621
1	0. 6961	1	-0. 3875	1	0. 0192
2	0. 5053	2	-0. 2234	2	0. 181
3	0. 3095	3	0. 0198	3	0. 2881
4	0. 092	4	0. 2481	4	0. 3637
5	-0. 093	5	0. 3715	5	0. 3682
LAG	*CORR*	*LAG*	*CORR*	*LAG*	*CORR*
6	-0. 2496	6	0. 3422	6	0. 3538

资料来源：笔者自制。

在表 3-10 中，列（1）代表当期的 *gdpgink* 与 *rdgink* 的提前与滞后阶数之间的相关系数，从中可以观察到同阶 *gdpgink* 与 *rdgink* 之间的相关系数最大。列（2）代表当期 *rdgink* 与 *patentgink* 提前与滞后阶数之间的相关系数，从中可观察到当期 *rdgink* 与 *patentgink* 滞后 5 阶之间的相关系数最大。这也说明创新投入不能马上带来创新产出的增加，存在“前人栽树，后人乘凉”的时滞效应。列

(3) 则表示当期 *gdpgink* 与 *patentgink* 滞后 5 阶之间的相关系数最大。

结合向量自回归模型、格兰杰因果分析表与交叉系数列表，可以确定的反应顺序为：人均 GDP 地区基尼系数减小（增大）将导致人均创新投入地区基尼系数减小（增大），进而导致人均创新产出地区基尼系数减小（增大）。由于本章样本观测值的记录年数只有 18 年，因此不对其进行预测方差分解及绘制脉冲响应图。

3.6 进一步的讨论

将 3.6 节获得的结果如图 3-14 所示。

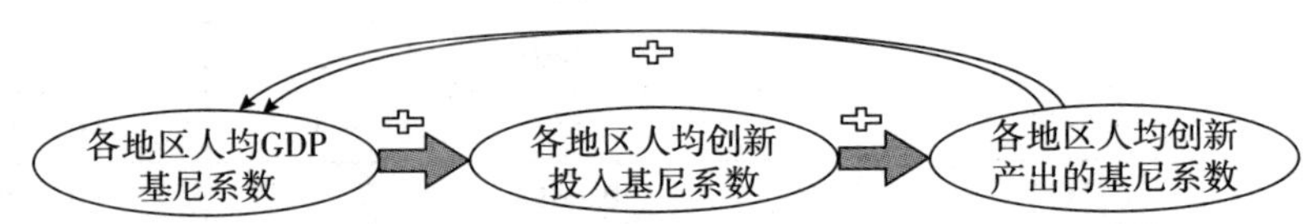

图 3-14 各地区人均 GDP、创新投入、创新产出等基尼系数关系

图 3-14 表明：人均 GDP 区域差异的缩小有助于人均创新投入区域差异的缩小，而人均创新投入区域差异的缩小也将有助于人均创新产出区域差异的缩小。同时人均创新产出区域差异的缩小反过来也有助于缩小各地区人均 GDP 的差异。

由于各地区人均 GDP 区域差异的缩小传递到各地区人均创新产出差异的缩小的时滞期为五年。因此，就创新成果而言，创新投入存在“前人栽树，后人乘凉”的效应，也即对创新投入而言，是利在春秋，但功可能不在当代。这可能将降低决策者在创新投入方面的积极性。

本章的现实意义如下：

首先，因经济产出（GDP）是人们的劳动成果，而各地区人均 GDP 的差异缩小能够带来创新产出差异的缩小。这说明持续不断的实践与劳动是未来拥有更大创新产出的基础，任何创新都建立在实践与持续不断的工作基础之上。同时人才因素在国家创新体系中占据重要位置，在我国人才数量持续不断增长的过程中，构建多个科技创新中心既可行也必要。

其次，各地区创新产出差异也能缩小各地区人均 GDP 的差异，这说明创新均衡的重要性。例如，贵州省贵阳市近年来发展大数据产业，逐渐成为我国的大数据中心，其经济增长率位于我国各地区前列。贵州省通过使用发展大数据产业，在保住青山绿水的同时，也获得较快的经济成长，同时提高当地居民的生活水平。

最后，本章说明，科技创新投入到科技创新成果产出，再到科技创新成果的成功产业化，进而推动经济增长将存在较长时滞，而这种时间滞后可能导致地方官员的任期已经结束，尽管一些研究认为其时滞只有两年，但这也需进一步观察与探讨，比如北斗卫星导航系统，从 2000 年 10 月 31 日发射第一颗北斗-1A 起，到 2014 年 11 月国家发展改革委批复 2014 年北斗卫星导航产业区域重大应用示范发展专项，也已历经 14 年。贵州省 500 米口径球面射电望远镜于 1994 年提出构想，历经 22 年方才建成。又如太行发动机于 1978 年预研，历时 27 年才完成设计定型审查考核。因此，有些创新研发从投入到产出是有较长时滞的，而从创造发明到实际能够发挥效果也存在一段时滞。况且创新还存在失败的可能，同时创新成果也存在空间外溢与跨期外溢，不同知识具有的外溢程度也不同。一般而言，在具有全局性外溢的基础研究中，主要由中央政府负责，而本地化溢出明显的应用研究，则主要由地方政府负责。

第❹章

财政分权下的创新投入区域差异

创新发展是一个大系统，主要包含创新投入与创新产出两方面的内容，而创新投入、创新效率是造成创新产出差异的重要因素。近年来，为推动我国科技创新，政府部门对企业创新予以财税减免激励，如科技部、财政部、国家税务局印发《关于提高科技型中小企业研究开发费用税前加计扣除比例的通知》(财税〔2017〕34号)、《财政部税务总局关于延长高新技术企业和科技型中小企业亏损结转年限的通知》(财税〔2018〕76)等。在地税层面，2017年深圳市的减免税规模为508.6亿元，相比2016年增长30.4%。其中为高新技术企业与重点软件企业分别减免59.4亿元和42.2亿元，为小微企业减免2.5亿元。同时其研发费用加计扣除减免连续九年位居全国地税系统第一。深圳市是全国创新型城市，是中国的硅谷，正迈向国际创新之都。李克强总理在2018年夏季达沃斯论坛的主题演讲中也指出，要“对企业增加研发投入实行普惠性支持政策”，以鼓励企业增加研发投入，加快创新成果转化应用①。这些均说明政府财税行为（征税、减税、补贴等）在企业创新过程中具有重要作用，因此本章首先从政府财税视角分析创新投入的区域差异。

4.1 科技创新投入存在“市场失灵”

工业革命以来经济与金融危机不断涌现，致使经济学家认识到市场经济不是万能的、市场有时也会失调，典型的“市场失灵”如公共资源领域等公地

① 李克强在第十二届夏季达沃斯论坛开幕式上的致辞［EB/OL］. http://www.xinhuanet.com/politics/2018-09/20/c_1123456097.htm.

悲剧[①]式的囚徒困境，而市场失灵则为政府为何要干预经济提供理由。为处理好市场之手与政府之手的作用，使市场与政府都能在各自领域中发挥有效作用，从而使得两种作用互为补充，既要是“有效市场”，也要是“有为政府”，从而共同促进经济社会发展，西方公共经济学常从产品的排他性与竞争性角度，将产品分为公共品（准公共品）、竞争性产品。一般性公共品由政府提供，如国防；竞争性产品多由市场提供，如鞋、帽、箱、包等。从排他性与竞争性两种属性出发，一般认为，科技创新成果属于准公共品，同时具有非排他性与竞争性的特点，其原因如第 1 章开篇所论述。因而无论是欧美发达地区还是新兴经济体，各个国家和地区的产业政策都倾向对企业的创新活动进行补贴与税收减免（Owen，1999；Lerner，2009；Wilson，2009）。同时一些研究认为，欧盟中的技术创新补助资金大部分流向大企业，因为大企业在获取补助方面更有效率（Criscuolo 等，2012）。虽然这些对大企业进行技术研发补贴的政策效果不够理想，但各国的政策无疑都倾向于鼓励大企业进行投资，不断提升经济效率，保住更多的就业岗位。而政府财政支持的研发项目也有助于提升私人部门的技术水平，如私营企业美国太空探索技术公司重型猎鹰获得商业上的成功，但能够成功的部分原因在于 20 世纪五六十年代，与苏联开展全方位竞赛的美国公共部门 NASA（美国航天局）已大力开展航天项目并培养大量航天人才，同时也已开发出重载火箭发射、深空探索等前期前沿太空技术。在我国，国家对通信领域 3G、4G、5G 的大量投资以及行业关键技术、共性技术发展瓶颈上的突破，也带动一批私营部门的企业发展，推动私营部门竞争性产品的生产与企业规模扩张。欧洲在 2020 年增长战略中确定的五个目标之一即欧盟国内生产总值的 3%将用于研发投资（其中 2/3 将通过私人资金实现，1/3 将由公共部门筹集），所有经合组织国家都制定类似的目标（Montmartin 等，2015）。在一些文献的研究中，如白俊红（2015）所构造的国家创新体系中，政府部门的一个重要作用是以直接补助的方式，弥补企业、科研机构、高校等创新参与主体研发资金的不足。而产业补贴在我国早已存在（姚洋等，2008），对于科技研发资助而言，核心问题不在于要不要补助，而在于如何资

① 哈丁的“公地悲剧”或“公有资源的灾难”，是对理性个体在利用公共资源时存有私心的确证。哈丁将这一过程模型化：一个向众人免费开放的牧场，其中每个牧羊人的直接收益取决于他所放牧羊群的数量。因缺乏约束条件，尽管每个牧羊人明知过度放牧会导致牧场退化，但个体竞争性博弈的最佳策略是增加羊群数量，最终结果自然是牧场的彻底退化或废弃，这是个体理性与集体理性冲突的结果。

助才更有效率（叶祥松等，2018）。

4.2 政府财政与创新投入

Charles Tiebout（1956）的“用脚投票”模型表明地方政府财政分权的合理性。其理论指出，只要拥有足够的社区和地方政府，居民就可以在不同社区及地区之间进行自由迁徙，因而居民的真实偏好可以通过用脚投票的方式显示出来，而地方政府收入的多少与居住及生活在该地区的人口数量成正比，因此各地区为获得更高的收入水平，将通过提供更好的产品和服务来吸引更多的人口，而如果采用中央集权方式，由于存在信息的非对称性及在中央政府—地方政府—本地化的居民偏好的信息传输上存在信息失真，因此中央政府难以知道地方居民的偏好。而通过中央政府向地方政府让渡部分权力，形成中央政府与地方政府的分权治理模式，此能够显著地提升公共产品的供给效率。随后的地方政府分权理论经过 Musgrave（1959）、Oates（1969，1972，1999）的发展，Musgrave 在地方分权的基础上，论证中央财政的重要性，并划分中央财政与地方财政提供公共产品的职能与权责，认为收入分配与宏观稳定应由中央政府负责，而资源配置的职能需根据居民的偏好信息，应交给地方政府负责。Oates 提出，当中央政府与地方政府都能提供同样成本的公共产品时，让地方政府提供公共产品将更有效率。Tiebout、Musgrave、Oates 等人的理论主要分析公共产品如何供给，这也被称为第一代财政联邦主义。

但到 20 世纪 90 年代，随着新兴经济体国家经济的崛起，特别是我国经济的长期高速增长，在将我国与苏联等国家进行对比分析的基础上，许成钢、钱颖一、Gerard Roland 以及政治学家 Barry Weingast 等开始把财政分权的思想更多地与地方政府的激励模式、经济转型和经济增长联系起来。在这个框架里，他们强调向地方的分权促成地方竞争的积极作用（张军，2010），主要观点有：其一，促进不可逆转的市场机制发展（即所谓的 Market preserving）；其二，促进乡镇企业发展；其三，促进城市化和基础设施建设；其四，导致改革试验的发生和模仿；其五，促进外商直接投资的流入。从而形成第二代财政联邦理论或“中国特色的联邦主义”、市场维护型联邦主义（Market-preserving federalism）的研究框架。

同时分权也导致中央与地方政府的目标冲突。Careaga 和 Weingast（2003）指出，中央层面的转移支付可能扭曲地方政府行为。姚洋、杨雷（2003）认为，相较于行政垂直集权，财政分权易造成各级政府对事权的推诿和矛盾、政府行为商业化和机会主义倾向以及政府预算约束的软化等深层次问题。两者冲突的可能原因：周黎安（2007）认为，行政与财政分权虽然能够激励地方政府，但这需满足一定的前提条件，如中央和地方的行政和财政分权须高度稳定，才能发挥激励效应；王永钦等（2007）也指出，地方政府的激励模式与市场经济所需要的政府职能不可能协调。

财政分权将直接影响政府的支出行为，如傅勇、张晏（2007）的研究表明，财政分权及基于政绩考核下的政府竞争，导致地方政府“重基础设施建设、轻人力资本投资和轻公共服务建设”。于长革（2008）认为，我国的财政分权体制造成地方政府长期忽视教育、科技、卫生等公共产品供给，导致公共服务的短缺和城乡间公共服务不平衡。傅勇（2010）的研究进一步表明，财政分权显著地影响地方政府在科技、基础教育、公用设施的供给。周克清等（2011）的实证结果表明，财政分权能够促进地方政府加大科技投入。类似的结论在潘镇等（2013）的研究中也得到证实。

财政分权以及由此引起的政府行为体现了空间的制度差异，这一差异构成企业进行区位选择的动力之一，而研发投入作为一项长期投资，政府征税及对企业研发的补贴行为必然深刻影响企业研发资本的投入意愿。

本章的主要贡献如下：

第一，构建具有不同政府税收水平和财政补贴水平的数理模型，以解释创新地理格局变动的原因以及地方政府为何会与中央政府的目标发生冲突。

第二，采用多种空间计量方法分析地区总体 R&D 经费内部支出的影响因素之间的空间关联效应。

第三，进一步采用空间计量方法分析各地区规模以上企业 R&D 经费内部支出、新产品开发经费支出、技术获取与技术改造经费支出的影响因素之间的空间关联效应及其差异。

第四，分析不同地区本地市场规模大小、对外开放程度、互联网发展等因素对企业在流程创新与产品创新投入之间进行权衡与偏好选择时的影响。

4.3 数学模型

本章的研究主要依据 Minniti 和 Parello（2011）的技术分析路线，同时参考 Martin 和 Ottaviano（1999）、Montmartin（2013）等分析方法①。在创新部门具有拥塞效应的情形下，进一步考察知识溢出的本地化效应与知识创造的时滞效应，并考察政府税收、技术创新补贴的影响。本章的基本设定：假定存在两个区域（南方与北方），两种生产要素（劳动力 L 与知识资本 K），经济体将由三部门组成：即完全竞争的传统行业（T）、垄断竞争的制造业部门（M）与创新部门（I）。每个地区的劳动力初期禀赋为 L，而知识资本（K）将由创新部门（I）生产。

创新部门每生产 1 单位的知识资本 K 需使用 a_I 单位的劳动力 L。创新部门的企业向制造业部门的企业出售发明、创意和设计等，并且拥有无限期的专利保护，以便得到一个永久性的垄断租金。制造业部门的企业面临 Dixit—Stiglitz（1977）的垄断竞争型市场，并且具有规模报酬递增效应。每一种差异化的产品都由一家制造业企业生产，制造业部门的投入要素——劳动力数量为 L、知识资本为 K。传统行业（T）是完全竞争型市场，制造业部门的产品以"冰山"形式的运输成本进行贸易，而传统部门的交易成本则为零。

公共部门的作用是仅对制造业部门企业的垄断租金征收适当比例税，同时对研发支出进行补贴，该补贴涵盖研发成本的一部分，南方与北方的公共部门征收税率比例分别为 T 与 T^*；对技术创新进行的技术补贴率分别为 S 和 S^*，加 $*$ 代表南方，未加 $*$ 代表北方，下标 all 代表南方与北方之和。同时假定普通劳动力的工资率与同质商品的价格等于 1。

4.3.1 消费和生产

N_{all} 代表该经济体可用于消费的差异化商品品种总数。消费者对同质化的

① 本书与上述系列文章模型的不同：其一，体现在作者假定创新部门均存在拥塞效应，这是前述三篇文章所没有的。其二，还与 Minniti 和 Parello（2011）的文章差异体现在劳动力的假设不同。其三，本章假定两个地区的税率与补贴率均不相同，而 Minniti 和 Parello（2011）文章中税率是相同的。其四，对于新知识的跨期外溢效应方面，Minniti 和 Parello（2011）使用的是强规模经济假设（跨期溢出效应指数 $\phi=1$），而本章则假设跨期溢出效应指数 $\phi<1$。

商品与差异化产品的需求偏好满足 *Cobb-Douglas* 效用函数，即有：

$$\int_0^{\infty}\ln[D(t)^{\alpha}H(t)^{1-\alpha}]e^{-(\rho-g_L)t}dt \tag{4-1}$$

其中，H 为同质商品的消费量，主观贴现率或时间偏好率 $\rho\in[0,1]$，$\alpha\in[0,1]$ 表示差异化的商品消费支出占总支出的份额，各地区的人口自然增长率为 g_L。北方对于差异化的产品需求以不变替代弹性系数函数（CES 函数）来表示，即有：

$$D(t)=\left[\int_0^{N_{all}}D_i(t)^{\sigma-1}di\right]^{\frac{\sigma}{\sigma-1}} \tag{4-2}$$

南方与北方两地区的产品品种总数为 $N_{all}=N+N^*$，不同商品之间的替代弹性系数为 σ，位于北方地区代表性消费者的支出函数为：

$$E(t)=\left[\int_{i=1}^{N}p_iD_i(t)di+\int_{j=1}^{N^*}\tau p_j^*D_j(t)dj+p_HH(t)\right] \tag{4-3}$$

其中，$D_i(t)$ 和 $D_j(t)$ 分别代表北方消费者对于原产地位于北方与南方的商品需求量，p_i 和 p_j 分别为相应产品的销售价格，同时假定同质化商品的价格 $P_H=1$。

由于制造业部门的产品采用萨缪尔森“冰山”形式的贸易成本，这意味着南方的制造业企业要满足北方 D_j 单位的产品需求，需在南方生产并运输 τD_j（$\tau>1$）到北方，这也意味着将有 $(\tau-1)D_j$ 单位的产品在运输过程中将损失掉。因此，当 D_j 由南方生产并运送到北方进行消费时，其价格将为 τp_j。

与此同时，北方的代表性消费者将分两步来进一步优化其效用函数：

第一步，在预算约束式（4-3）下最大化其效用函数式（4-1），此时无跨期选择问题，通过构建拉格朗日函数并进行求导整理后，可得方程：

$$H=(1-\alpha)E \tag{4-4}$$

$$D_i(t)=\frac{\alpha E(t)p_i(t)^{-\sigma}}{\Delta},\ D_j=\frac{\alpha E(t)[\tau p_j(t)]^{-\sigma}}{\Delta} \tag{4-5}$$

$$\Delta=\left[\int_{i=1}^{N}p_i(t)^{1-\sigma}di+\int_{j=1}^{N^*}(\tau p_j)^{1-\sigma}dj\right]^{1/(1-\sigma)} \tag{4-6}$$

第二步，代表性消费者将在消费与储蓄之间进行跨期选择，在跨期预算约束 $\dot{B}=w(t)+rB(t)-E(t)-g_LB(t)$ 条件下，最大化效用函数式（4-1），其中 B 为代表性消费者的资产存量价值。使用动态最优化方法，构建并求解哈密尔顿函数，可得到消费支出增长的欧拉方程为：

$$\dot{E}/E = r - \rho \tag{4-7}$$

由于资本是自由流动的，所以南方与北方的无风险资产投资回报率 r 相同，同时在具有相同的偏好假设前提下，由式（4-7）可知：均衡时南方与北方的支出增长率也将相等。

对于北方制造业部门的厂商而言，每生产 x 单位产品，需要 1 单位知识资本（固定成本）与 l 单位劳动力（可变成本），且数量关系为 $l=\beta x$；厂商的资本投资利润率等于销售总收入减去劳动者的工资收入，考虑到公共部门将按比例税进行征税，因此北方地区制造业部门的税后营运利润为：

$$\prod = [p_i x_i(t) - \beta w x_i(t)] \times (1 - T) \tag{4-8}$$

对于北方制造业企业而言，利润最大化式（4-8）可得到最优的产品价格，因此可得北方厂商的价格为：

$$p_i = \frac{\beta w \sigma}{\sigma - 1}\text{（南方地区的厂商价格为 } p_i^* = \frac{\beta^* w \sigma}{\sigma - 1}\text{）} \tag{4-9}$$

其中，当市场均衡时，工资率 $w = 1$，且北方与南方的企业和消费者具有相同的决策理性及消费偏好，因此，可将位于北方地区企业的营业利润表示为：

$$\prod = \frac{\beta x_i}{\sigma - 1}(1 - T)\text{（南方地区企业的利润 } \prod{}^* = \frac{\beta^* x_j}{\sigma - 1}(1 - T^*)\text{）} \tag{4-10}$$

4.3.2 厂商的位置均衡

在需求函数式（4-5）中引入最优价格函数式（4-9），可得北方的消费者对于原产地为南方与北方地区的产品需求量为：

$$D_i = \frac{\sigma - 1}{\beta\sigma}\frac{\alpha E}{N + \tau^{1-\sigma}\varpi^{\sigma-1}N^*}D_j = \frac{\sigma - 1}{\beta^*\sigma}\frac{\alpha E \tau^{-\sigma}}{\tau^{1-\sigma}\varpi^{1-\sigma}N + N^*} \tag{4-11}$$

其中，$\phi = \tau^{1-\sigma}$ 代表贸易一体化水平。由于南方与北方具有对称性，使用表达式（4-11）可得到南方与北方各自的产品产量：

$$x_i = \frac{\alpha L(\sigma - 1)}{\beta\sigma N_{all}}\left(\frac{E}{s_n + \tau^{1-\sigma}\varpi^{\sigma-1}(1 - s_n)} + \frac{\tau^{1-\sigma}E^*}{\tau^{1-\sigma}s_n + \varpi^{\sigma-1}(1 - s_n)}\right) \tag{4-12}$$

$$x_j = \frac{\alpha L(\sigma - 1)}{\beta^*\sigma N_{all}}\left(\frac{\tau^{1-\sigma}E}{\varpi^{1-\sigma}s_n + \tau^{1-\sigma}(1 - s_n)} + \frac{E^*}{\tau^{1-\sigma}\varpi^{1-\sigma}s_n + (1 - s_n)}\right) \tag{4-13}$$

$$\pi_i = \frac{\alpha L E_{all}}{\sigma N_{all}}\left(\frac{s_e}{s_n + \tau^{1-\sigma}\varpi^{\sigma-1}(1 - s_n)} + \frac{\tau^{1-\sigma}(1 - s_e)}{\tau^{1-\sigma}s_n + \varpi^{\sigma-1}(1 - s_n)}\right) \tag{4-14}$$

$$\pi_j = \frac{\alpha L(\sigma - 1)}{\beta^* \sigma N_{all}}\left(\frac{\tau^{1-\sigma}E}{\varpi^{1-\sigma}s_n + \tau^{1-\sigma}(1 - s_n)} + \frac{E^*}{\tau^{1-\sigma}\varpi^{1-\sigma}s_n + (1 - s_n)}\right) \quad (4-15)$$

其中，$s_n = N/N_{all}$ 是位于北方的制造业部门所占的市场份额，由于资本具有流动性，因此南方与北方的区域均衡须满足税后利润相等原则，此时有：

$$x_i = \frac{(1 - T^*)\beta^*}{(1 - T)\beta}x_j \quad (4-16)$$

$$(1 - T)\pi_i = (1 - T^*)\pi_j \quad (4-17)$$

将式（4-16）代入到式（4-12）和式（4-13），可得到：

$$s_n = \frac{s_e[1 + \vartheta(\tau/\varpi)^{1-\sigma}] - \vartheta(\tau/\varpi)^{1-\sigma}}{\vartheta(1 - s_e)[1 - \vartheta(\tau/\varpi)^{1-\sigma}] + s_e[1 - \vartheta(\tau\varpi)^{1-\sigma}]} \quad (4-18)$$

其中，$\vartheta = \frac{1 - T^* - (\tau\varpi)^{1-\sigma}(1 - T)}{1 - T - (\tau/\varpi)^{1-\sigma}(1 - T^*)}$，$s_e = E/E_w$，Se 表示位于北方地区消费者的支出份额。

4.3.3 知识生产函数、研发地点和稳定状态

Grossman 和 Helpman（1991d）认为，创新可使制造业部门的产品品种数量增长，而为生产 1 单位的知识资本，须投入 a_I 单位研究人员的劳动。按照 Romer（1990）的研究路线，假设 a_I 也遵循学习曲线，即 1 单位知识资本的边际成本随着知识溢出企业数量增加而逐渐减少，知识溢出路径将从制造业生产部门传递到设计部门，创新绩效也与集聚经济的劳动者规模成倒“U”形现象（王如玉，2018；王志高等，2016）。此外，Baldwin 等（2001）认为，这些知识外部性是本地化与局部溢出的。这意味着一个地区知识资本的生产成本很大程度上将取决于本地区的制造业企业数量，而较小程度地取决于其他地区的制造业企业数量。知识溢出通常有两种形式：一种是马歇尔—阿罗—罗默（MAR）的纵向知识溢出外部性（行业层面，Glaeser 等，1992）；另一种是雅各布斯（Jacobs）横向知识溢出，当然，本书的研究更倾向于 Jacobs 的知识溢出，同时知识的外溢随着距离而衰减（Arzaghi 和 Henderson，2008）。因此，本章将这些假设总结为：

$$\dot{K}_{all} = \frac{L_{all,I}}{a_{all,I}} = \frac{L_I}{a_I} + \frac{L_I^*}{a_I^*},\ a_I = \frac{1}{K_{all}^{\phi}A(t)},\ a_I^* = \frac{1}{K_{all}^{\phi}A^*(t)},$$
$$A(t) = J(t)[s_n + \lambda(1 - s_n)/\tau_k]^{\phi},\ A^*(t) = J^*(t)[\lambda s_n/\tau_k + 1 - s_n]^{\phi} \quad (4-19)$$

$\frac{\partial J(t)}{\partial L_I} > 0$, $\frac{\partial^2 J(t)}{\partial^2 L_I} < 0$; $\frac{\partial J^*(t)}{\partial L_I^*} > 0$, $\frac{\partial^2 J^*(t)}{\partial^2 L_I^*} < 0$。

其中，a_I 和 a_I^* 分别代表北方和南方的研发生产力，$K_{all}^{\phi}A(t)$ 和 $K_{all}^{\phi}A^*(t)$ 分别表示位于北方和南方创新部门的知识溢出效应，L_I 和 L_I^* 是北方和南方创新部门的劳动力数量，$\lambda \in [0;1]$ 刻画技术溢出的程度。$J(t)$ 与 $J^*(t)$ 均与研发人员数量之间呈倒 "U" 形关系，说明研发工作同样也存在拥塞效应。为研究方便，本书进一步假定南方与北方均处在倒 "U" 型右侧，这样可防止研发活动全部集中在北方（在现实中，研发活动也不完全集中在一个地区）。

当 $\phi > 0$ 时，其表示在一定时期内，创新的边际成本是两个地区知识存量的递减函数，这通常被称为"站在巨人肩膀上"效应（"standing on the shoulders" effect）（Scotchmer，1991），即当期的知识创新对于未来的知识创造具有显著正向推动作用；而当 $\phi < 0$ 时，在知识创新过程中，研究者最先发现最重要的规律与知识，后来研究者只能做些查漏补缺式的工作，也即研发活动中存在"涸泽而渔"（"fishing out" effect）现象，这将引致研发效率低下。

在基于 RGH（Romer-Grossman-Helpman）框架的经济增长模型和经济地理学模型中，通常都假定 $\phi = 1$。然而，如 Jones（1995）所示，$\phi = 1$ 代表任意递增的回报率，这与关于研发和生产率增长的时间序列数据所显示的规律不一致。例如微软公司从 1975 年成立到 1990 年利用五个核心专利获得超过 10 亿美元的收入，但到 2009 年，该公司则拥有 10000 项专利，专利数增长 2000 倍，同时收入超过 580 亿美元，但收入增长不到 59 倍。由此可见，最先发现的知识具有较高的市场价值。特别是，关于专利的数据表明，跨期限的知识溢出还可能具有负向溢出效应（$\phi < 0$）。因此，本章假定 $0 < \phi < 1$，从而使模型可能存在与劳动力数量增长一致的平衡增长路径。

由于初期 $K(0) > K^*(0)$，因此北方消费者的收入水平将高于南方消费者的收入水平，导致更多的制造业企业位于北方，从而提高该地区的研发生产效率。但由于研发过程同样也存在拥塞效应，因此，南方地区也存在研发活动。

北方与南方的公共部门将利用税收来补贴创新部门的企业，本章进一步假设给予一定比例的研发费用补贴①，但北方与南方具有不同补贴比例 S 与 S^*。因此，可将创新部门的生产函数式（4-19）改写为：$\dot{K}_{all} = \dot{N}_{all}(t) = L_I(t)/a_I(t) = L_I(t)K_{all}^{\phi}A$，且设 $g_{all} = \dot{K}_{all}/K_{all} = \dot{N}_{all}/N_{all}$。当工资率 $w=1$ 时，可将生产

① 请注意，补贴生产将具有完全相同的效果。

1 单位知识资本的成本写为 $F_I = (1 - S)/[K_{all}^{\phi}A(t)]$ 。

其中，S 代表北方地区的补贴水平，即在研发成本中获得公共部门的技术补贴部分，而研发所需要的劳动力数量为：

$$L_I = \dot{K}a_I \tag{4-20}$$

其中，L_I 是在研发活动中所使用的劳动力数量，g 代表北方地区的产品品种增长率，即有：

$$\dot{K}/K = \dot{N}/N = g \tag{4-21}$$

在此模型中，假设政府存在平衡预算约束，也即税收收入与政府补贴支出相等，平衡预算规则得到满足。因此，北方地区的公共部门税收对制造业部门的利润按照比例 T 进行征收，根据式（4-14），可得到北方地区的总税收收入为：

$$\Gamma = \frac{\alpha LE_{all}s_n}{\sigma}T\left(\frac{s_e}{s_n + \tau^{1-\sigma}\varpi^{\sigma-1}(1 - s_n)} + \frac{\tau^{1-\sigma}(1 - s_e)}{\tau^{1-\sigma}s_n + \varpi^{\sigma-1}(1 - s_n)}\right) \tag{4-22}$$

北方地区的公共部门总支出等于研发中所使用的劳动力数量乘以补贴所涵盖的研发成本的占比，即有：研发补贴 $= L_IS$ 。

结合式（4-22），可得到满足平衡预算约束的补贴水平为：

$$S = T\frac{\alpha LE_{all}K_{all}^{\phi}As_n}{\sigma Kg}\left(\frac{s_e}{s_n + \tau^{1-\sigma}\varpi^{\sigma-1}(1 - s_n)} + \frac{\tau^{1-\sigma}(1 - s_e)}{\tau^{1-\sigma}s_n + \varpi^{\sigma-1}(1 - s_n)}\right) \tag{4-23}$$

4.3.4 均衡增长率与稳态均衡

均衡增长率与对创新的经济激励紧密关联，这要求传统的投资研发和以无风险利率形成的借贷之间的套利机会是不存在的，本章称 $v(t)$ 为制造业企业的股票市值，这个值将对应于税后营运利润的贴现值，即：

$$v(t) = \int_t^{\infty} e^{-[R(s)-R(t)]}\pi(1 - T)ds \tag{4-24}$$

其中，$R(t) = \int_0^t r(u)du$ 为从 0 到 T 期内获得的利润累计折扣系数。那么此时的无套利方程为：

$$\dot{v} + \pi(1 - T) = rv \tag{4-25}$$

在创新部门可自由进入和零利润条件下，企业的价值等于知识资本的单位价值，也等于生产 1 单位知识资本的边际成本 F_I 。在工资率等于 1 的情况下，均衡时有等式：

$$F_I=v=\frac{(1-S)}{K_{all}^{\phi}A} \tag{4-26}$$

在稳定状态下，A 和（1−S）均是常数。因此，可计算北方地区的企业价值增长率为：

$$\frac{\dot{F}_I}{F_I}=\frac{\dot{v}}{v}=-\phi g_{all} \tag{4-27}$$

企业价值将以 ϕg_{all} 的速度下降，原因是两地区的产品品种增长率 g_{all} 的提高意味着将有更多企业进入市场，这将增加制造业部门的竞争，从而降低企业利润率。企业价值是企业未来利润收入的贴现值，因而可得北方地区在研发投入与无风险利率投资之间的无套利条件方程为：

$$\frac{\alpha LE_{all}(1-T)}{\sigma}\frac{A}{1-S}K_{all}^{\phi-1}s_n\left(\frac{s_e}{s_n+\tau^{1-\sigma}\varpi^{\sigma-1}(1-s_n)}+\frac{\tau^{1-\sigma}(1-s_e)}{\tau^{1-\sigma}s_n+\varpi^{\sigma-1}(1-s_n)}\right)=\rho+\phi g_{all} \tag{4-28}$$

从式（4−28）可得：$\partial g_{all}/\partial\lambda>0$,这说明空间溢出效应的存在可增加整体经济增长率。但对于长期而言，资本存量将以 $g_{all}-g_L$ 的速度增长，而由式（4−27）可知，单位资本的价值将以 ϕg_{all} 的速度下降。而在稳定状态下，资本收入的价值将是不变的，因此有 $g_{all}-g_L=\phi g_{all}$,继而有 $g_{all}=g_L/(1-\phi)$ 。

【定理 4−1】 人口增长率越高，创新知识的跨期效应越强，则整体经济增长率越高。

该定理说明，要提升总体增长率，适度的人口增长是必要的，同时要提高创新知识的质量，使其能够对未来产生更大的跨期溢出效应。特别对于我国人口自然增长率下降，老龄化速度加快的情况，因此要保证一个合理的经济增长率，必然需要提高 ϕ 值，充分发挥知识存量的效能，因此要充分挖掘我国拥有世界上规模最大的大学生群体的创新潜能，充分利用我国人力资本资源规模化优势，推动创新发展。

4.3.5 劳动力市场均衡及其增长率

由于劳动力是部分流动的，且其被用于所有经济部门。同时假定劳动力总供给数量固定，等于 $2L$。传统部门（T）的劳动力需求从式（4−4）等计算可得，制造业部门使用的劳动力需求由式（4−12）、式（4−13）等求解而得出，而由式（4-19）等可计算得到中间部门的劳动力需求。所以劳动力市场的均衡条件为：

$$2L = \frac{g_{all}}{K_{all}^{\phi-1}A} + LE_{all}(\frac{\sigma - \alpha}{\sigma}) \tag{4-29}$$

劳动力总供给量不变，同时在式（4-29）中，除 E_{all} 外均为常数。因此，E_{all} 须随着时间的推移而保持均衡。这个条件意味着：

$$r = \rho \tag{4-30}$$

式（4-30）意味着无风险资产的利率恒定且等于时间偏好率。

4.3.6 知识溢出下的中央与地方政府目标冲突

在初期状态下，可将代表性消费者的支出表达成如下函数形式：

$$E = 1 + \frac{rK(0)v(0)}{L} \tag{4-31}$$

$$E^* = 1 + \frac{rK^*(0)v(0)}{L} \tag{4-32}$$

将式（4-26）等代入进行适当转换后可有：

$$s_e = \frac{1}{2} + \frac{r(s_k - 0.5)(1-S)}{2LK_{all}^{\phi-1}A + r(1-S)}(s_e = \frac{E}{E+E^*}, s_k = \frac{K(t)}{K(t)+K^*(t)}) \tag{4-33}$$

对于北方地区而言，由于假定初期 $K(0) > K^*(0)$，所以此时有 $s_k > 0.5$，将 s_e 对 ϕ、λ 求导，此时有 $ds_e/d\phi < 0$（需有 $\ln[K_{all}s_n + \lambda(1 - s_n)] > 0$），$ds_e/d\lambda < 0$。由此可得【定理 4-2】。

【定理 4-2】 *创新知识的跨期效应、空间溢出效应都将降低优势地区的支出份额，提高劣势区域的支出份额，这将有助于缩小区域经济发展差异。*

但需注意的是，在上述求导过程中，需有 $\ln[K_{all}s_n + \lambda(1 - s_n)] > 0$，因此，最初知识资本存量的多少将影响跨期溢出的程度。当经济发展到特定阶段时，就会出现中央与地方政府的目标冲突，如我国在改革开放初期，从中央到地方政府都具有统一的目标：以经济建设为中心。但当经济发展达到一定水平时，经济发展的平衡性就会愈发突出。正因如此，党的十九大报告精辟论证了我国社会主要矛盾转变，而各省市的人才争夺战可能会加剧地区间富者愈富、穷者愈穷现象。一些经济发展较差的地方，因财政困难而导致公务员的工资也难以及时发放①。

4.3.7 税收对产品创新的影响

由于创新部门的生产要素只有劳动力，因此在零利润均衡条件下，创新部门的收入等于其劳动力工资收入，又因创新部门的收入等于制造业部门的剩余利润，因此创新部门工资收入（1-S）= 创新部门收入（1-S）= 制造业部门的利润，等式成立，结合式（4-28）。因此有以下等式成立：

$$\frac{\alpha LE_{all}(1-T)}{\sigma}s_n\left(\frac{s_e}{s_n+\tau^{1-\sigma}\varpi^{\sigma-1}(1-s_n)}+\frac{\tau^{1-\sigma}(1-s_e)}{\tau^{1-\sigma}s_n+\varpi^{\sigma-1}(1-s_n)}\right)$$
$$=wL_I(1-S)=\dot{K}a_Iw(1-S) \tag{4-34}$$

从式（4-32）可得 $\partial\dot{K}/\partial T<0$, $\partial\dot{K}/\partial S>0$,也即北方的公共部门对本地区制造业企业征税将减少本地制造业企业的创新投入，对创新部门企业进行补贴则有助于扩大创新产出。而基于式（4-18）、式（4-19）可得，不同税率将改变北方（南方）地区的生产份额，进而改变创新部门的成本支出。

【定理 4-3】公共部门对企业征税将导致企业产品创新投入的减少，而创新补贴则有助于提高研发部门的创新支出与产出。不同地区企业所得税率与创新补贴率将改变创新投入与创新产出的地理空间格局。

4.4 实证检验

4.4.1 计量模型

因每个制造业部门的厂商只使用 1 单位的知识资本，所以有：$s_n=s_K=K/K_{all}$,结合式（4-34）可得以下等式：

$$wL_I=\frac{\alpha LE_{all}(1-T)}{\sigma(1-S)}\times\frac{K}{K_{all}}$$

① 观察者网．湖南耒阳公务员工资迟发，官方：经济萎缩财政困难［EB/OL］．2018-06-09，http：//m. sohu. com/a/234758191_115479.

$$\left(\frac{s_e}{s_n+\tau^{1-\sigma}\varpi^{\sigma-1}(1-s_n)}+\frac{\tau^{1-\sigma}(1-s_e)}{\tau^{1-\sigma}s_n+\varpi^{\sigma-1}(1-s_n)}\right) \tag{4-35}$$

因此有：

$$\ln(wL_I)=Ln\frac{(1-T)}{(1-S)}+\ln\frac{K}{K_{all}}+Ln(LE_{all})+$$
$$\ln\left(\frac{s_e}{s_n+\tau^{1-\sigma}\varpi^{\sigma-1}(1-s_n)}+\frac{\tau^{1-\sigma}(1-s_e)}{\tau^{1-\sigma}s_n+\varpi^{\sigma-1}(1-s_n)}\right)+\ln\frac{\alpha}{\sigma} \tag{4-36}$$

将上述等式左边表示为各地区的科技创新投入，等式右边第 1 项表示为政府财税行为，等式右边第 2 项等式右边则表示为知识资本存量，等式右边第 3 项表示为本地市场需求，等式右边第 4 项表示为地理距离所导致的运输成本等空间因素的影响，该项说明不同区域之间的空间关联，等式右边第 5 项表示为各地区的地域偏好和地理特征。

进而，本章进一步提出如下计量模型：

$$Te\_fund_{it}=\beta_1+\beta_2{}^*Finance\_pub_{it}+\beta_3{}^*Know\_capital_{it}+\beta_4{}^*Market\_E_{it}+$$
$$\beta_5{}^*Transports_{it}+\beta_6{}^*Openness_{it}+\beta_7Internet_{it}+\varepsilon_{it} \tag{4-37}$$

在上述计量模型中，i 代表地区，t 代表年份，而 *Te_fund* 代表各地区的创新投入，*Finance_Pub* 代表各地方政府的财税水平，*Know_capital* 代表各地区的人力资本与知识资本存量，*Market_E* 代表各地区消费市场规模的大小，*Transports* 代表各地区的基础设施水平，而 *Openness* 代表各地区进出口水平，*Internet* 代表互联网的发展水平。

4.4.2 变量选择

(1) 被解释变量。

Te_fund（创新投入）：为表达地区创新投入差异及可能存在的空间竞争关系，本章采用相对指标，首先以各省 R&D 经费内部支出比重（*R&D fund*）来衡量，*R&D fund* 为各省 R&D 经费内部支出与全国 R&D 经费内部支出的比值。在稳健性计量中，本书一方面使用各地区 R&D 人员全时当量比重（*R&D labor*）来替代 *R&D fund* 进行计量检验；另一方面又以各地区规模以上企业的 R&D 经费内部支出占全国比重（*R&D expendratio*）、各地区规模以上企业的新产品经费支出占全国比重（*npfundingratio*）以及各地区规模以上企业的技术获

取与技术改造经费支出占全国比重（*te_acqu_ratio*）进行实证检验。

（2）解释变量。

Finance_ pub（政府财税）：本章采用常用方法，即以各省一般公共预算收入与全国一般公共预算收入的比值（*P_budget*）来代表地方政府的财税水平。需注意的是，由于统计口径的差异，该指标并不意味着各省财政收入的比值之和等于1。在稳健性计量检验部分，则使用各级政府对企业技术开发的税收减免（*taxreliefratio*）来代表各地区规模以上企业所享受到的一种财政补贴。

Know_ capital（人力资本与知识资本存量）：Döring 和 Schnellenbach（2006）认为，拥有熟练劳动力和高水平专业化人力资本的地区更有可能吸引创新网络，而不是条件较差的地区，这是因为企业有意利用区域范围内的知识流动，因而更高水平人力资本将促使企业进行更高水平的创新投入，也将导致区域整体的创新投入更大。现有的一些研究常常使用各地区的大学生数量来代表各地区的人力资本因素与知识资本存量因素。而由于被解释变量是比值，为能够使计量具有一致性，因此也同样使用各地区的大学生数量与全国大学生的总量比值（*studentratio*）指标（下文的解释变量也为比率指标）。

Market_E（市场规模）：以各地区最终消费支出占比（*Consume*）来代表各地区消费支出的水平。同时也使用各地区最终消费与资本形成的总额占比（*Localdemandratio*，即各地区与全国相应指标的数量比值）这一指标。

Transports（各地区的交通运输量）：以各地区的货物周转量占全国比重（*goodturnover*）来表示各地区交通基础设施的相对发展水平。

Openness（各地区的开放水平）：Brodzicki（2018）总结一些常被用来作为开放程度的代理指标，主要包括：开放比率（贸易总额/国内总产值）、开放/封闭经济的虚拟变量、出口额或进口额在国内总产值中的占比、实际外汇扭曲、总体平均关税水平（Romalis，2006）、优惠贸易协定和区域贸易协定的虚拟变量、世界银行外向指数、外汇黑市汇率溢价、出口扭曲指数以及各种地理变量（地理坐标、共同边界）等。由于本书采用的是相应指标的地区值与全国总量的比值，因此既以各地区的进出口货物量占全国总的进出口货物量的比重（*In _ export*）来表征，也以各省份出口额占全国出口总额的比重（*exportratio*）来代表。

Internet（互联网发展水平）：以各地区互联网网站数量占全国的比重（*numwebsitsratio*）来表示。

总体上，本章将建立两套样本：首先是以各地区 R&D 经费内部支出占全国 R&D 经费内部支出的比值为被解释变量的样本；其次是以各地区规模以上企业的创新投入（即企业层面的 R&D 经费内部支出、新产品开发经费支出、技术获取与技术改造的经费支出）占全国相应创新投入的比值为解释变量的样本。本章对地区总体创新投入与地区规模以上企业的创新投入这两套样本指标分别进行计量，可起到相互佐证的作用，从而使得结果具有可靠性。

4.4.3 数据来源及方法

各地区及全国的财政收入、R&D 经费内部支出等指标均来自《中国统计年鉴》《中国科技统计年鉴》《中国高技术产业统计年鉴》。样本取值时间范围为 1998~2016 年，样本地区为除港澳台以外的我国 31 个省市。

本章所使用的地理空间权重矩阵构造方法将采用两种方式：第一种是利用 GIS 信息系统获取全国省份之间的经纬度地理坐标，以经度为 X 轴、纬度为 Y 轴，采用欧式距离（Euclideandistance）计算两点（两个地区质心）之间的距离，以地理距离的倒数生成地理空间权重矩阵。第二种是采用邻接矩阵方法来进行研究，也即将地理空间上相邻的省份设置为 1，否则将值设置为 0。

本章所采用的计量方法为空间计量与固定效应、随机效应等的结合，所使用的空间计量形式具体有四种：空间滞后模型（SAR）、空间误差模型（SEM）、空间杜宾模型（SDM）、一般空间模型（SAC）①，此外本章还将使用分位数计量方法等。

4.4.4 经验性事实观察

首先基于我国中央与地方政府财政分权的事实，本章绘制 2007~2016 年我国科技支出的中央与地方占比变动趋势图，具体见图 4-1。

从图 4-1 可以观察到，自 2009 年开始，中央占比呈下降趋势，而地方占比则呈上升趋势，2012 年是地方政府所占的比重超过中央政府比重的拐点年，至 2016 年，中央占比下降至 41%，而地方占比则上升至 59%。这体现在近些年来中央授予地方更大的创新发展自主权，意在提高地方政府发展经济的积极性，这一思路也体现在中共十九届三中全会的文件中。

---

① 不同模型的表达式可以表示为：——Spatial Lag Model（空间滞后模型）：Y=BX+rWy+e；e=lWe+u ——Spatial Error Model（空间误差模型）：Y=BX+e；e=lWe+u ——Spatial Durbin Model（空间杜宾模型）：Y=BX+aWX*+rWy+e；e=lWe+u ——General Spatial Model（一般空间模型）：Y=BX+rWy+LW1y+e；e=lW1e+u W 为空间权重矩阵，u 为扰动项。

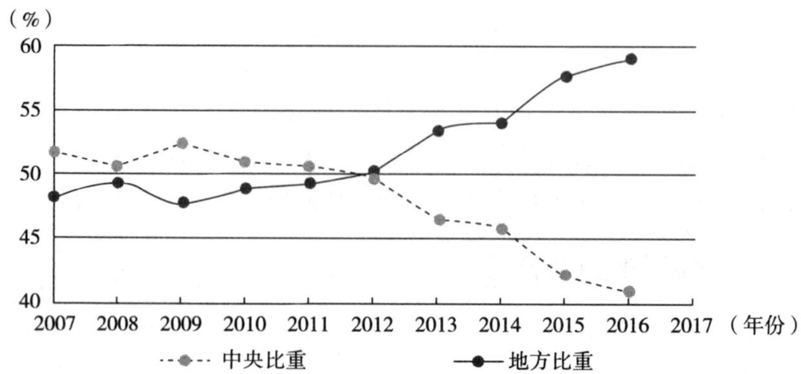

图 4-1　中央与地方一般公共预算中的科学技术支出占比变动趋势图

注：虚线代表科学技术支出中的中央政府支出比重，而实线代表地方政府的支出比重。自 2007 年开始，中央一般公共预算中的统计科目与 2006 年的统计科目的名称及统计口径有所不同，所以仅统计近 10 年的变动趋势。

资料来源：《中国统计年鉴》。

地方财税分权的结果也影响地方科技支出结构，如图 4-2 所示，在 R&D 经费内部支出[①]结构中，面向生产的试验发展[②]经费占比高，而基础研究与应用研究占比少。与一般预想不同的是，经济发展领先的东部地区在试验发展方面的投入比重更大，而西部地区反而在基础研究与应用研究投入的比重较高。中部与西部地区在 R&D 经费内部支出结构上与东部地区逐渐趋同。

从图 4-3 可观察到，东部、中部、西部地区的大中型工业企业的科技活动内部支出结构也存在显著差别，东部地区大中型企业更倾向于进行新产品方面的创新，其开发新产品的经费支出比重高于中部与西部地区，且在 2005~2008 年其开发新产品的经费支出比重高于 50%；中部地区大中型企业开发新产品的经费支出比重自 2003 年开始超越西部地区，同时在 2007 年其支出比重超越 50%；西部地区开发新产品的经费支出比重在 1999~2008 年始终小于 50%。

此外，各地区企业的创新投入更易受到地方政府与市场的双重影响，因而需进一步分析各地区企业的科技活动经费内部支出结构，图 4-3 列示 1999~2008 年东、中、西部地区大中型企业开发新产品经费占其科技活动经费内部支出的比重情况，图 4-4 则列示了 2000~2016 年东、中、西部大中型开发新

① R&D 经费内部支出的执行部门有企业、研究与开发机构、高校等。

② 试验发展指的是利用基础研究、应用研究等获取知识，为产生新产品、新材料、新装置与建立新工艺、新系统等而进行系统性工作。

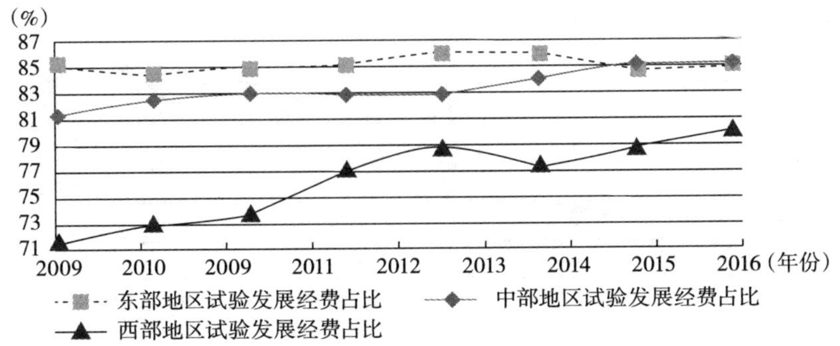

图 4-2　2009~2016 年东、中、西部地区的试验发展经费占比趋势

注：试验发展经费占比=试验发展经费支出/R&D 经费内部支出，其中 R&D 经费内部支出=基础研究经费内部支出+应用研究经费内部支出+试验发展经费内部支出。此处的中部地区包括了吉林省、黑龙江省，东部地区包括辽宁省。

资料来源：《中国科技统计年鉴》。

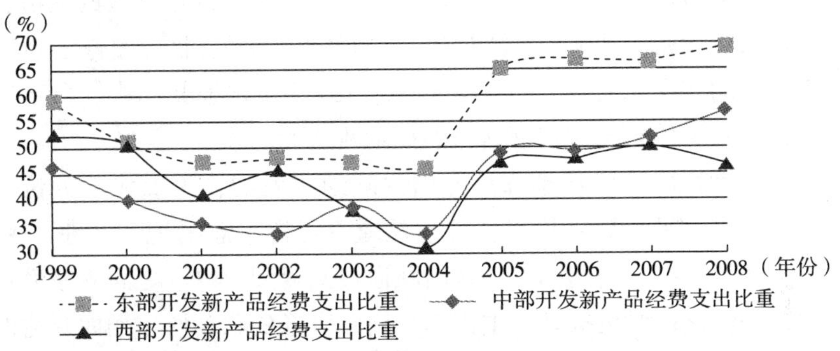

图 4-3　1999~2008 年东、中、西部大中型工业企业开发新产品经费支出比重趋势

注：2001~2008 年的新产品经费支出比重=开发新产品经费支出/科技活动经费内部支出总额，1999~2000 年的新产品经费支出比重=开发新产品经费/技术开发经费内部支出总额。此处的中部地区包括了吉林省、黑龙江省，东部地区包括辽宁省。

资料来源：《中国科技统计年鉴》。

产品经费支出占比变动趋势。

而从图 4-4 中可观察到，在 2005 年之前，中、西部地区的新产品开发力度不大，未曾超过 50%，其主要是引进技术、购买国内技术、消化吸收与技术改造，而在 2008 年之后，中西部地区则加大开发新产品的经费支出与比重。在结构上与东部地区趋同。

对于上述的经验性事实，可能的解释如下：

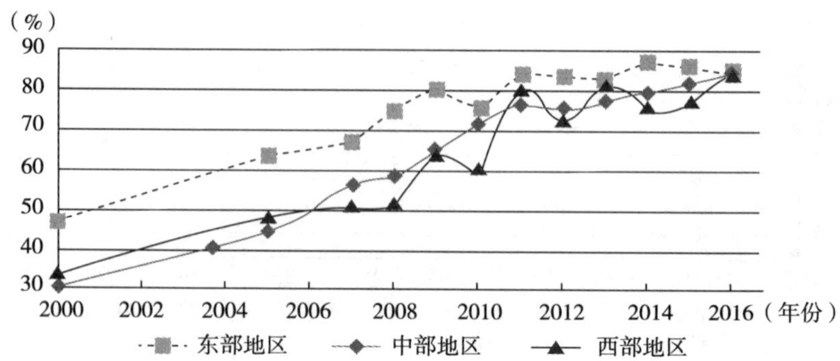

图 4-4　2000~2016 年东、中、西部大中型开发新产品经费支出占比变动趋势

注：2000~2016 年的新产品经费支出占比=开发新产品经费支出/（开发新产品经费支出+技术改造经费支出+引进技术经费支出+消化吸收经费支出+购买国内技术经费支出）。此处的中部地区包括吉林省、黑龙江省，东部地区包括辽宁省。

资料来源：《中国高技术产业统计年鉴》。

第一，东部地区既是我国的大市场区域，也是我国改革开放的前沿，与国际市场的联系更紧密，图 4-3 说明位于大市场区域的企业更偏好于新产品研发，以满足产品多样化需求。图 4-4 显示在 2005 年之前我国中、西部等相对封闭的小市场则更侧重于流程创新，如技术改造等。

第二，随着我国开放从东部沿海向内陆地区发展，正形成全方位、多层次、宽领域、高水平开放新格局，特别是随着习近平总书记“一带一路”倡议的提出，基于铁路、公路的亚洲各国联通性及亚洲与欧洲之间联通性也得以增强，而这一倡议同时也推动了中西部与国际市场的联动性，例如开通的中欧班列将郑州、武汉、重庆、成都、西安等地的电子元器件、饮料、食品等产品运往奥地利的维也纳、德国的汉堡，俄罗斯的莫斯科、西班牙的马德里等地。

第三，因中央与地方的分权治理结构及相应的考核与激励机制也可能导致地方政府、企业等更愿意对短期容易产生经济绩效的新产品开发等应用研究进行投入，而对于基础研究则投入不足。同时市场越开放，潜在的市场规模越大，则越容易产生短期研发激励，加快变现科技创新成果的市场价值。

4.4.5　空间相关分析

以空间邻接矩阵为权重，本章计算 1998~2015 年的 Moran's I 值，并对 Moran's I 值进行比较，表 4-1 列示 Moran's I 值的计算结果：

表 4-1　全局 Moran's I 值的空间权重的比较

Moran's I	P_budget	P 值	R&D fund	P 值	R&D labor	P 值
1998	0. 091	0. 212	-0. 029	0. 965	-0. 04	0. 95
1999	0. 087	0. 216	-0. 038	0. 959	-0. 032	0. 991
2000	0. 137	0. 081	0. 047	0. 418	0. 085	0. 270
2001	0. 108	0. 147	-0. 015	0. 859	-0. 002	0. 770
2002	0. 118	0. 131	0. 011	0. 662	-0. 003	0. 780
2003	0. 151	0. 072	0. 033	0. 513	0. 039	0. 501
2004	0. 177	0. 044	0. 088	0. 234	0. 045	0. 444
2005	0. 191	0. 032	0. 119	0. 139	0. 058	0. 381
2006	0. 188	0. 035	0. 155	0. 071	0. 071	0. 327
2007	0. 182	0. 040	0. 152	0. 078	0. 054	0. 408
2008	0. 175	0. 047	0. 183	0. 042	0. 09	0. 245
2009	0. 182	0. 041	0. 158	0. 071	0. 145	0. 087
2010	0. 175	0. 047	0. 154	0. 077	0. 146	0. 082
2011	0. 159	0. 066	0. 168	0. 058	0. 165	0. 054
2012	0. 168	0. 055	0. 182	0. 041	0. 152	0. 067
2013	0. 166	0. 056	0. 186	0. 037	0. 18	0. 037
2014	0. 165	0. 056	0. 193	0. 032	0. 195	0. 026
2015	0. 180	0. 039	0. 193	0. 032	0. 214	0. 016

注：*R&D fund* 代表各地区 R&D 经费内部支出占比；*P_budget* 代表各地方一般公共预算收入占比；*R&D labor* 代表各地区 R&D 人员全时当量占比。

资料来源：笔者自制。

比较表 4-1 中 Moran's I 值及相应的显著性水平 P 值，从各地区 R&D 经费内部支出的 Moran's I 值与各地区一般公共预算收入占比 Moran's I 值的比较分析可得：从 2003 年开始，各地区一般公共预算收入占比的 Moran's I 值开始变得显著，而在此后年份 Moran's I 值也一直具有较高的显著性。但分析表 4-1 还需特别关注以下时点：其一，我国在 1999 年提出西部大开发战略①；其二，在 2003 年中央做出振兴东北老工业基地的决定；其三，在 2004 年中央进一步出台《国务院关于进一步推进西部大开发的若干意见》（国发〔2004〕

① 1999 年 6 月 9 日，江泽民同志提出加快中西部地区发展步伐的条件已经具备，时机已经成熟。1999 年 11 月，中央经济工作会议部署，抓住时机，着手实施西部地区大开发战略。

6号)，这些政策都力图推动我国地区经济发展走向相对均衡与协调，但政策执行的短期结果并没有弱化区域间竞争，反而加强区域间竞争。竞争性增强固然是我国社会主义市场经济活力的体现，但也说明1994年的财税改革等政策具有时滞效应。

从各地区R&D经费内部支出Moran's I值的比较分析观察，可注意到政策的时点是在2006年2月，国务院发布《国家中长期科学和技术发展规划纲要（2006~2020年）》，此后国家加大创新投入，同时各地方空间自相关系数开始变得显著，但在此前的年份计量中，其系数则不显著。因此，一种可能的解释是，在2005年之前创新还未成为共识，人们对于创新的意识还不够强，创新资源投入力度不大，牺牲环境等粗放型发展路径依然存在。特别是中央政府对各地方政府的生态环境保护督察也促使各地方要以更大的科技创新投入及科技创新成果应用来解决发展中的环境问题。

从各地方R&D人员全时当量占比的Moran's I值比较分析来看，从2009年开始，其值开始变得显著，一方面，随着次贷危机的发生，人们越来越清晰地认识到金融、房地产等难以支撑经济的持久发展，唯有持续不断的技术创新才是可持续发展之道，创新不是走向自我毁灭之墓，而是通往更加美好未来的开始。另一方面，自党的十八大以来，在习近平新时代社会主义特色思想引领下，创新驱动发展已然成为全社会、各地方的共识，即创新发展关乎国家、地区的前途命运，而创新驱动的核心是人才驱动，吸引人才成为未来一段时间各地区的共同选择。2013年以来，我国的人才流动呈现双向流动特征，一方面，刚毕业的大学生向往“北上广深”的大都市生活，因此许多大学生将在发达地区就业作为第一选择；另一方面，“北上广深”的高房价等因素则阻碍部分大学生更好地融入城市生活，对大学毕业生的吸引力开始相对减弱。本科毕业生在“北上广深”的就业比例从28.2%（2013届）下降到22.3%（2017届)，而毕业半年后留在“北上广深”就业的本科生在三年后离开的比例则从13.7%（2012届）上升到21.7%（2014届)①。人才出现向二三线城市及中西部转移的趋势。

从三个变量的比较分析来看，因财政收入开始呈现显著空间相关性的时间要早于R&D经费内部支出的时点，同时也早于R&D人员全时当量的时点，因

① 2018年大学生就业蓝皮书发布：近五年本科毕业生在“北上广深”就业比例有所下降，2017届高职高专生就业率首超本科生［EB/OL］. http：//3g.163.com/news/article/DK2J7JFV00018AOP.html.

此这将反映一种逻辑：财政收入的空间相关将导致各地区 R&D 经费内部支出的空间相关，进而导致各地区 R&D 人员全时当量的空间相关。因此这一空间相关呈现为显著的时间先后特征，其在时间维度的先后顺序可表示为财政收入→R&D 经费内部支出→R&D 人员全时当量。

对此可进行另一个角度的解读：创新发展是我国人口增速放缓的必然选择。因计划生育、生育观念与生育意愿转变等因素，我国逐渐开始向低生育率国家转变。人口红利丧失，劳动者数量逐年递减，人口老龄化、高龄化日益凸显。那么在此情况下，唯有通过提升我国人口素质，发展面向人人的教育，发挥我国 9 亿劳动者的人才规模优势，鼓励大众创业与万众创新，释放社会创造潜能，以人才为基础进行更多的知识创造，建设未来智造强国。

从图 4-5 中可以看出，我国在此期间人口自然增长率步入下行通道，与此同时 R&D 经费内部支出呈现直线式增长趋势。我国正通过不断加大创新投入来弥补人口自然增长率的不足。

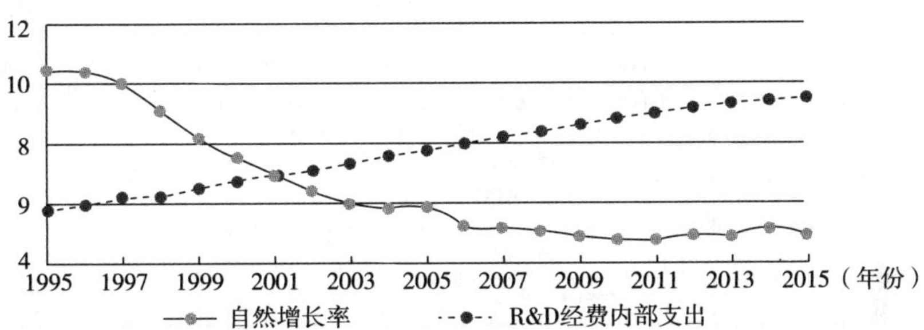

图 4-5　1995~2015 年我国人口自然增长率与 R&D 经费内部支出变动趋势

注：人口自然增长率的单位为‰，R&D 经费内部支出的单位为亿元，图中取的是 R&D 经费内部支出的对数值。虚线代表 R&D 经费内部支出变动趋势，而实线则代表我国人口自然增长率。

资料来源：《中国统计年鉴》与《中国科技统计年鉴》。

为进一步探寻其他因素对创新投入的影响，本章按照前文提出的计量方程进行空间计量检验，以考察区域间各创新要素的空间竞争及空间关联影响。

4.4.6　计量结果

4.4.6.1　地理距离权重矩阵的面板数据计量研究

根据空间计量方法，按照地理空间权重矩阵计量分析各因素对各地区 R&D 经费内部支出比重的影响程度（此处各地区 R&D 内部经费支出的执行部门为企业、研究与开发机构、高等学校等，其数值是这些执行部门 R&D 内部经费支出的总和)，结果见表 4-2。

表 4-2 地理距离的空间地理权重下各地区总体 R&D 经费内部支出计量分析结果

被解释变量：R&D fund	(1)	(2)	(3)	(4)	(5)	(6)	(7)
解释变量	SAR+FE	SAR+FE	SDM+RE	SAC+FE	SEM+RE	SEM+FE	FE
P_budget	0.3694*** (4.3485)	0.3694 (1.4759)	0.2758 (1.4058)	0.4138* (1.7097)	0.4032 (1.5221)	0.5490** (2.2922)	0.4399* (1.7522)
studentratio	1.1430*** (14.8720)	1.1430*** (2.5981)	1.1486*** (2.8886)	1.1489*** (2.8960)	1.0708** (2.1711)	1.1600** (2.3967)	1.1692** (2.5126)
In_export	0.0898** (2.1849)	0.0898 (0.5492)	0.1269 (0.8479)	0.0669 (0.4294)	0.0827 (0.5375)	—	0.0644 (0.4036)
consume	0.2240** (2.3331)	0.2240 (0.4491)	0.0646 (0.1835)	0.1777 (0.3790)	0.0559 (0.1341)	—	0.1114 (0.2266)
goodturnover	0.0499* (1.8871)	0.0499 (1.0418)	0.0783 (1.3610)	0.0336 (1.0186)	0.0308 (0.7735)	—	0.0237 (0.5103)
w1x_P_budget	—	—	-75.6027 (-1.1613)	—	—	—	—
w1x_studentratio	—	—	-32.1008 (-1.4227)	—	—	—	—
w1x_In_export	—	—	45.2046 (1.5796)	—	—	—	—
w1x_consume	—	—	-3.0558 (-0.3535)	—	—	—	—
w1x_goodturnover	—	—	9.1543*** (3.5187)	—	—	—	—
Rho	-13.1154*** (-3.1213)	-13.1154** (-2.0557)	-5.8709 (-0.9629)	-29.1816*** (-2.9267)	—	—	—
Lambda	—	—	—	17.2846*** (4.1179)	-4.0357 (-0.5859)	2.2733 (0.2922)	—
lgt_theta			-2.7453*** (-5.9255)	0.0001*** (3.6225)	1.9371*** (3.5547)	—	—

续表

被解释变量：R&D fund	(1)	(2)	(3)	(4)	(5)	(6)	(7)
解释变量	SAR+FE	SAR+FE	SDM+RE	SAC+FE	SEM+RE	SEM+FE	FE
sigma2_e	0.0001*** (16.6202)	0.0001*** (3.1029)	—	—	0.0001*** (3.0126)	0.0001*** (3.0774)	—
Hausman 检验	31.76 (0.0000)	31.76 (0.0000)	-102.04	—	-101.28	17.39 (0.0002)	65.72 (0.0000)
是否控制时间效应	Yes	Yes	No	Yes	No	Yes	No
是否控制个体效应	Yes	Yes	No	Yes	No	Yes	Yes
误差形式	非稳健误差	稳健误差	稳健误差	稳健误差	稳健误差	稳健误差	稳健标准误
T	1998~2015	1998~2015	1998~2015	1998~2015	1998~2015	1998~2015	1998~2015
N	558	558	558	558	558	558	558

注：*、**、***分别代表10%、5%、1%的显著性水平。被解释变量的系数部分，括号中是相应的t值或z值，而在统计量部分，括号内的值为相应的P值。其中列（7）的固定效应检验：BPLM-test的检验值为1533.51，相应的P值为0.0000；其非稳健误差之下的F检验值为65.72，相应的P值为0.0000；Sargan-Hansen检验的P值为0.0000，且列（7）是无空间效应的计量模型。在列（3）中标注符号“w1x_”的项为带有空间权重的解释变量，代表其他地区解释变量对本地区总体R&D经费内部支出的影响。前文已介绍SAR、SDM、SEM等符号的含义，FE与RE分别代表固定效应模型与随机效应模型；Rho值为空间自回归系数，度量其他地区的R&D经费内部支出对本地区的R&D经费内部支出的影响；Lambda为空间自相关系数，度量的是其他地区的扰动项对本地区扰动项的影响。

资料来源：笔者自制。

在表4-2中，随机效应与固定效应将根据Hausman检验值进行判别选择。列（1）、列（2）、列（6）、列（7）的Hausman检验的P值均显著不为零，所以采用固定效应模型；而列（3）、列（5）的Hausman检验值为负值，在Stata计量程序中未显示相应的P值。本章采用了随机效应模型。

从空间自回归系数Rho值来看，列（1）、列（2）、列（3）、列（4）的Rho值为负数，显示各地区之间存在显著的竞争效应，这说明各地区皆竞相加快创新投入，以期待未来更高的经济发展水平。

从被解释变量对解释变量的作用来看：

列（1）、列（4）、列（6）、列（7）均显示各地区的财政收入占比对R&D经费内部支出占比具有正向促进作用，同时列（2）、列（3）、列（5）

的计量回归系数不显著。

从列（1）可观察到，各地区在校大学生人数占比、进出口额占比、最终消费支出占比、货物周转占比对各省 R&D 经费内部支出占比同样具有正向推动作用。具体解释如下：在校大学生人数占比代表一个地区的教育资源和人力资本储量，人力资本素质的提高有助于各地区 R&D 经费内部支出的增长，这反映了人力资本是创新与创造的基础。同时 R&D 经费内部支出除需要人力资本因素的支持外，还需要有市场规模的支持。从列（1）至列（5）的回归计量结果观察，本地的市场需求规模对各地区 R&D 经费内部支出的增长同样具有正向促进作用，而货物周转占比代表各区域内的交通运输环境。因交通条件的改善既有助于吸引更优质的企业，同时也可以让新产品等更快地销售至全国乃至全世界，从而提高各地区在 R&D 投入方面的积极性，也即交通等基础设施的改善将使创新变得更有市场价值，吸引企业在 R&D 方面的投入。而各地区开放水平的提高，同样也对各地区 R&D 经费内部支出的增加形成正向激励作用。这是因开放水平的提高，一方面扩大本地区出口市场规模，而市场规模因素可促进 R&D 经费支出的增加；另一方面也扩大了本地区对外国商品的进口量，国外新产品的引入对新产品开发具有借鉴与启发意义，推动本地区进行更多的 R&D 活动。

同时从 SDM 模型的滞后项来分析，其他地区的一般公共预算收入、在校大学生人数以及最终消费支出占比都对本地 R&D 经费内部支出占比具有负向效应，但同时其他地区的进出口额占比和货物周转量占比也具有正向推动作用，尽管在表 4-2 中，具有显著性的仅有各地区货物周转量占比这一因素。

本书对此做出如下部分解释：①各地区在校大学生人数代表各地区的教育水平与科研能力，一个地区的教育与科研水平越高，则其可做出创新与创造的可能性越大，这也意味着技术创新成功的可能性越大，因此该地区也就越能吸引更多的科研资源投入。因此，本地的教育与科研水平越高，越能增强本地的科研投入吸引力，但其他地区在此方面的能力越强，则相对弱化本地科研投入的吸引力。同时其他地区的最终消费支出占比、公共预算占比的提高将会降低本地的科技创新投入的占比，这与之前的预测是一致的。②进出口额、货物周转量代表商品流，商品流能带动知识传播与技术外溢（梁琦，2004，2009），而其他地区的技术溢出将提高本地的创新能力，因此其他地区进出口额与货物周转量增加能够间接增强本地的技术创新能力，同时进出口额、货物周转量的绝对额及相对份额高，这意味着该地区具有区位优势（或是港口，或是公路、铁路、航空等交通运输枢纽)；而且前期优势越明显，则越能增强该地区对科技创新资源的吸引力，增加该地区 R&D 经费内部支出增长。

4.4.6.2 非线性面板数据模型估计

由于被解释变量——各地区 R&D 经费内部支出占比的值域范围为(0，1)，因此实际上这也是一个受限模型。Tobit 模型能较好地对受限模型进行计量检验，表 4-3 给出空间计量的 Tobit 模型检验结果，本章将之与非空间计量形式的 Tobit 模型进行对照。

表 4-3 Tobit 模型的计量检验结果（地理毗邻空间权重矩阵）

被解释变量：R&D fund	(1)	(2)	(3)	(4)	(5)	(6)
解释变量	SAR+Tobit	SDM+Tobit	SAC+Tobit	SEM+Tobit	Tobit	SLM+Fe
R&D fund 滞后 1 期	—	—	—	—	—	1.4584*** (6.3369)
P_budget	0.8237*** (4.9720)	0.7767*** (4.8119)	0.8155*** (5.0638)	0.8037*** (4.9009)	0.4227*** (4.9304)	0.4271*** (12.2036)
studentratio	0.3946*** (3.7690)	0.5727*** (4.7563)	0.4698*** (4.3167)	0.4432*** (3.8554)	1.0922*** (14.6324)	—
In_export	0.0814 (1.2319)	0.0707 (1.1711)	0.0714 (1.1413)	0.0873 (1.3687)	0.0752* (1.9194)	—
consume	—	—	—	—	0.0654 (0.7277)	—
goodturnover	—	—	—	—	0.0216 (0.8308)	—
numwebsitesratio	—	—	—	—	—	0.0851*** (3.0448)
w1x_P_budget	—	-0.0789** (-2.2431)	—	—	—	-0.0026 (-0.1826)
w1x_studentratio	—	-0.0599** (-2.4793)	—	—	—	—
w1x_In_export	—	0.0032 (0.2845)	—	—	—	—
w1x_numwebsitesratio	—	—	—	—	—	0.0020 (0.1456)

续表

被解释变量：R&D fund	(1)	(2)	(3)	(4)	(5)	(6)
解释变量	SAR+Tobit	SDM+Tobit	SAC+Tobit	SEM+Tobit	Tobit	SLM+Fe
Rho	-0.0367*** (-3.7324)	0.0402*** (2.7748)	-0.0405*** (-4.3404)	—	—	—
Lambda	—	—	0.0680*** (5.0334)	0.0700*** (4.8205)	—	—
Sigma	0.0187*** (10.1504)	0.0179*** (10.1726)	0.0181*** (9.7818)	0.0184*** (9.5786)	—	—
sigma_u	—	—	—	—	0.0212*** (7.4004)	—
sigma_e_cons	—	—	—	—	0.0079*** (32.3565)	—
Adjusted R^2	0.9413	0.9461	0.9434	0.9425	—	—
F-Test	3156.5569 (0.0000)	1728.5612 (0.0000)	3280.5819 (0.0000)	3230.9497 (0.0000)	—	40.9091 (0.0000)
Wald 值	9469.6708 (0.0000)	10371.3670 (0.0000)	9841.7456 (0.0000)	9692.8492 (0.0000)	311.94 (0.0000)	204.5453 (0.0000)
LRtest	13.9307 (0.0002)	7.6997 (0.0055)	188.7400 (0.0000)	23.2372 (0.0000)	673.84 (0.000)	—
是否控制时间效应	No	No	No	No	Yes	No
是否控制个体效应	No	No	No	No	No	Yes
T	1998~2015	1998~2015	1998~2015	1998~2015	1998~2015	2011~2015
N	558	558	558	558	558	155
误差形式	稳健误差	稳健误差	稳健误差	稳健误差	非稳健误差	稳健误差

注：*、**、*** 分别代表10%、5%、1%的显著性水平。被解释变量的系数部分，括号中是相应的t值或z值，而在统计量部分，括号内的值为相应的P值。从Tobit的SAR（空间自相关模型）、SDM（空间杜宾模型）、SAC（空间自相关模型）的检验中，其Rho值显著不为零。其中在SAR模型与SAC模型中，其Rho值为负；而在SDM中的Rho值则为正，这可能是由于在SDM中，不仅含有被解释变量的滞后期，同时也含有解释变量的滞后期，易造成变量之间的相关性。因而SDM也受到一些空间计量经济学家的批评，如Gibbons和Overman（2012）。列（6）使用的是Han-Philips（2010）线性动态面板估计方法，使用的模型是SLM模型的固定效应形式，Hausman检验统计量值为678.3394，相应的P值为0.0000。在列（2）中标记“w1x”的含义与前文相同。Rho值、Lambda值的含义与表4-2相同，表中所采用的是0~1邻接矩阵，即以空间地理位置毗邻来设置矩阵，如，广东省与江西省相邻，则其矩阵中相应位置的值为1，否则为0。

资料来源：笔者自制。

表 4-3 与表 4-2 不同，其使用的地理空间权重矩阵为邻接矩阵。在表 4-3 中，列（1）至列（5）的调整拟合优度 R^2 值相对较高，这说明估计方程所代表的曲线能较好地拟合真实值分布，同时这也说明被选择的自变量——各地区预算收入比、在校大学生人数比、进出口额比可解释因变量——各地区 R&D 经费内部支出占比变动的大部分。

同时在表 4-3 中，Tobit 模型的各系数估计值都与表 4-2 的估计结果所获得的结论是一致的，其中各地区一般预算收入占比、各地区在校大学生人数占比对各地区 R&D 经费内部支出占比具有正向推动作用。即各地区财政收入水平影响 R&D 经费内部支出，各地区间的财政竞争会导致各地区在 R&D 经费内部支出上的竞争。而在校大学生人数占比的提高也意味着一个地区教育与人力资本素质的提升，这将有助于本地 R&D 经费内部支出占比的增加。

从列（2）SDM 模型的滞后期来观察，这与前述结果是一致的，也即其他地区财政收入水平的提高将导致本地 R&D 经费内部支出的减少，相对降低本地在 R&D 投入方面的积极性，同时其他地区教育水平与科研能力的增强也显著降低本地区在 R&D 投入方面的积极性。

从列（6）可得出，各地区互联网网站数占比的提高，能够正向推动各地区 R&D 经费内部支出占比。

从 SDM 模型与非 SDM 模型均可得出：无论是本地还是其他地区的进出口贸易占比均能推动 R&D 经费内部支出占比的增加。

4.5 稳健性检验与讨论

为使结果更加稳健与可靠，本章将做以下方面的稳健性计量检验：

首先是替换被解释变量，本章以各地区 R&D 人员全时当量占比代替 R&D 经费内部支出占比进行稳健性计量检验（此处 R&D 投入的执行部门包含企业、研究与开发机构、高等学校等），因 R&D 人员全时当量与 R&D 经费内部支出同属于 R&D 投入，且两者具有较高的相关性。

其次是考虑异方差特性，从方法上对异方差现象进行处理，同时考虑使用不同的计量程序，对其处理的结果见表 4-4。

再次采用不同的空间权重矩阵，本章通过使用邻接矩阵来替换地理空间权重矩阵，具体设置：当两地区相邻时，其值设为 1；而当其不相邻时，其值设为 0，且通过使用上限为 1、下限为 0 的双限制的 Tobit 空间计量模型进行检验，这一计量结果见表 4-5。

最后本章使用各地区规模以上企业 R&D 经费内部支出、新产品开发经费支出、技术获取与技术改造经费支出①这几项进行替代。同时为考察各地区企业在新产品开发与技术改造方面的偏好，本章设置技术获取、技术改造经费支出与新产品开发经费支出的比值（te_acqu_ratio/npfundingratio）。在被解释变量的替代上，本地市场规模以最终消费支出与政府购买之和来表示。而政府财税因素则采用政府对企业技术开发的税收减免进行替换。

4.5.1 地区 R&D 人员全时当量占比的稳健性计量

4.5.1.1 地理毗邻空间权重矩阵下各地区 R&D 人员全时当量占比分析

以各地区 R&D 人员全时当量占比为被解释变量（R&D 投入的执行部门为企业、研究与开发机构、高等学校等），同时考量自变量的异方差问题，对此进行的空间面板计量，结果见表 4-4。

表 4-4 邻接空间权重矩阵下各地区 R&D 人员全时当量空间面板计量分析

被解释变量：R&D labor	（1）	（2）	（3）	（4）	（5）	（6）
解释变量	SAR	SDM	多重异方差 SDM	FE	BE	SLM+FE
R&Dlabor 滞后 1 期	—	—	—	—	—	1.3534*** （3.8421）
P_budget	0.7030*** （11.8804）	0.6577*** （10.8158）	0.5242*** （6.8215）	0.0112 （0.0236）	0.8054*** （3.9601）	0.2870*** （4.5252）
studentratio	0.5363*** （10.0846）	0.6790*** （11.0337）	0.5139*** （14.2176）	0.8093** （2.3912）	0.3711** （2.0321）	—
numwebsitesratio	—	—	—	—	—	0.1262* （1.8414）
w1x_P_budget	—	−0.0658*** （−4.9359）	−0.0598*** （−6.4891）	—	—	−0.0016 （−0.0434）

① 包括技术改造经费支出、引进技术经费支出、消化吸收经费支出、购买国内技术经费支出。

续表

被解释变量：R&D labor	(1)	(2)	(3)	(4)	(5)	(6)
解释变量	SAR	SDM	多重异方差 SDM	FE	BE	SLM+FE
w1x_studentratio	—	-0.0601*** (-4.4968)	-0.0161** (-2.2606)	—	—	—
w1x_numwebsitesratio	—	—	—	—	—	-0.0361 (-1.0041)
Rho	-0.0253*** (-2.9180)	0.0552*** (4.4997)	0.0486*** (5.0878)	—	—	—
Sigma	0.0148*** (17.4545)	0.0140*** (17.2754)	0.0026*** (6.6731)	—	—	—
Wald 卡方值	4055.8396 (0.0000)	4217.1030 (0.0000)	4315.0959 (0.0000)	—	195.29 (0.0000)	56.8748 (0.0000)
F-Test	2027.9198 (0.0000)	1054.2757 (0.0000)	1078.7740 (0.0000)	—	—	11.3750 (0.0000)
Adjusted R^2	0.8723	0.8765	0.8790	—	—	0.2556
Hausman 检验	—	—	—	40.46 (0.0028)	—	29.0576 (0.0000)
是否控制时间效应	No	No	No	Yes	No	No
是否控制个体效应	No	No	No	Yes	No	Yes
T	558	558	558	558	558	155
N	1998~2015	1998~2015	1998~2015	1998~2015	1998~2015	2011~2015
误差形式	稳健误差	稳健误差	稳健误差	稳健误差	Bootstrap	稳健误差

注：*、**、*** 分别代表 10%、5%、1%的显著性水平。被解释变量的系数部分，括号中是相应的 t 值或 z 值，而在统计量部分，括号内的值为相应的 P 值。列（5）使用的是组间估计法，误差采用的是 1000 次的 Bootstrap 的结果。在 stata 中，列（1）使用的命令为 spmstarxt，列（2）使用的命令为 spmstardxt，列（3）使用的命令为 spmstardhxt。列（6）使用的是 Han-Philips（2010）线性动态面板估计方法。列（2）、列（3）标记“w1x”的含义与前文相同。邻接矩阵，如果两个地区在地理空间上相邻就设置为 1，否则为 0 的设置与表 4-3 相同。Rho 值代表周边地区的 R&D 人员全时当量投入对本地区 R&D 全时当量投入的影响，与表 4-3 一样，在 SDM 模型中，其 Rho 值为正，这可能是由于在 SDM 模型中既含有解释变量的滞后期，同时又含有被解释变量的滞后期，易造成变量之间的相关性，在本书中，Rho 值大小倾向于采用 SAR 模型的估计结果。

资料来源：笔者自制。

在表 4-4 中，各地区当期一般公共预算占比对 R&D 全时人员当量的投入占比具有正向推动作用，这说明各地区财政收入水平影响各地区 R&D 的投入水平。同时各地区当期在校大学生人数占比、互联网网站数量占比同样也能够提高当期 R&D 人员全时当量比重。这些结论都与表 4-2、表 4-3 的结论是一致的。与此同时，其他地区的财政收入占比增加、在校大学生人数占比增加对本地区当期的 R&D 全时人员当量的投入占比具有负向影响，这说明对于科技创新投入而言，各地区具有显著的空间竞争效应。

4.5.1.2 邻接矩阵下 Tobit 空间计量模型的稳健检验

继续以各地区 R&D 人员全时当量占比为被解释变量，采用 Tobit 的空间计量模型进行稳健检验，空间计量结果见表 4-5。

表 4-5 邻接空间权重矩阵下各地区总体 R&D 人员全时当量 Tobit 空间计量分析

被解释变量：R&D labor	(1)	(2)	(3)	(4)	(5)	(6)
解释变量	SAR+Tobit	SDM+Tobit	SAC+Tobit	SEM+Tobit	Tobit	Tobit
P_budget	0.7030*** (11.8804)	0.6577*** (10.8158)	0.6669*** (11.1151)	0.7046*** (11.4151)	0.2371*** (3.0785)	0.2756** (2.3714)
studentratio	0.5363*** (10.0846)	0.6790*** (11.0337)	0.6366*** (11.0612)	0.5904*** (9.0727)	0.8698*** (10.4659)	0.0724 (0.2904)
w1x_P_budget	—	-0.0658*** (-4.9359)	—	—	—	—
w1x_studentratio	—	-0.0601*** (-4.4968)	—	—	—	—
Rho	-0.0253*** (-2.9180)	0.0552*** (4.4997)	-0.0464*** (-6.1880)	—	—	—
Lambda	—	—	0.0905*** (9.2296)	0.0772*** (6.7371)	—	—
Sigma	0.0148*** (17.4545)	0.0140*** (17.2754)	0.0138*** (16.7736)	0.0143*** (16.8610)	—	—
sigma_u	—	—	—	—	0.0144*** (6.5647)	0.0275*** (4.6300)
sigma_e_cons	—	—	—	—	0.0103*** (32.1278)	0.0027*** (12.9893)

续表

被解释变量：R&D labor	(1)	(2)	(3)	(4)	(5)	(6)
解释变量	SAR+Tobit	SDM+Tobit	SAC+Tobit	SEM+Tobit	Tobit	Tobit
Wald 卡方值	4055.8396 (0.0000)	4217.1030 (0.0000)	4171.7126 (0.0000)	4054.2823 (0.0000)	143.06 (0.0000)	5.77 (0.4498)
方程的 F 值	2027.9198 (0.0000)	1054.2757 (0.0000)	2085.8563 (0.0000)	2027.1412 (0.0000)	—	—
Adjusted R^2	0.8723	0.8765	0.8754	0.8723	—	—
LR test	8.5150 (0.0035)	20.2472 (0.0000)	174.1009 (0.0000)	45.3879 (0.0000)	298.22 (0.000)	234.42 (0.000)
是否控制时间效应	No	No	No	No	Yes	Yes
是否控制个体效应	No	No	No	No	No	No
解释变量	SAR+Tobit	SDM+Tobit	SAC+Tobit	SEM+Tobit	Tobit	Tobit
误差形式	稳健误差	稳健误差	稳健误差	稳健误差	非稳健误差	非稳健误差
T	1998~2015	1998~2015	1998~2015	1998~2015	1998~2015	2011~2015
obs	558	558	558	558	558	155

注：*、**、*** 分别代表 10%、5%、1%的显著性水平。被解释变量的系数部分，括号中为相应的 t 值或 z 值，而在统计量部分，括号内的值为相应的 P 值。0-1 邻接矩阵的设置与表 4-3、表 4-4 相同，如果两个地区相邻设置为 1，在地理空间上不相邻则设置为 0。列（2）标记“w1x”的含义与前文相同，Rho 值、Lambda 值的含义也与前文类似，在列（2）中其 Rho 值为正，这可能与其使用的 SDM 模型中既包含了滞后 1 期的解释变量的空间权重项，也包含滞后 1 期的被解释变量的空间权重项，而被解释变量与解释变量之间可能具有较强的相关性，在本书中，Rho 值的大小倾向于采用 SAR、SAC 模型的估计结果。

资料来源：笔者自制。

在表 4-5 中，列（1）至列（6）的结果均表明各地区财政收入水平对各地区创新投入具有显著的正向推动作用，各地区在校大学生人数占比的大小将影响各地区 R&D 人员全时当量占比的大小。同时列（2）显示其他地区的财政收入水平、在校大学生人数占比对本地 R&D 人员全时当量占比均有负向效应。同时在列（1）和列（3）中，空间自回归系数 Rho 值为负，显示各地区之间的空间竞争效应显著，而空间自相关系数则显示各地区具有显著的空间误差前后项关联效应。表 4-5 的结论与表 4-4 的结论基本一致。

4.5.2 规模以上企业创新投入区域差异

本章主要以各地区规模以上企业的 R&D 经费内部支出、新产品开发经费支出、技术获取与技术改造经费支出①这几项来进行研究，主要研究结果如下：

4.5.2.1 各地区规模以上企业 R&D 经费内部支出占比的计量

为研究我国各地区规模以上企业 R&D 经费内部支出占比变动的原因，按照前文设定的计量模型，本节进一步进行空间计量检验，主要结果见表 4-6。

在表 4-6 中，列（1）至列（5）的计量检验结果均表明，本地市场规模越大，则越能对各地区规模以上企业 R&D 经费内部支出形成正向激励；对企业技术开发进行减免的税额越大，则越能促进规模以上企业 R&D 经费内部支出的增长，尽管列（2）至列（6）中对企业技术开发税收减免项并不显著。

表 4-6 2011~2015 年各地区规模以上企业的 R&D 经费内部支出占比计量分析

R&D expendratio	(1)	(2)	(3)	(4)	(5)	(6)	(7)
	SDM	SDM	SAC	SAR	SEM	SDM	SDM
localdemanratio	1.1812*** (10.9614)	1.0078*** (8.7611)	0.9859*** (8.2477)	0.9379*** (8.4126)	1.0030*** (8.3295)	—	1.4409*** (16.6050)
taxreliefratio	0.2767*** (5.3889)	0.0407 (0.8546)	0.0394 (0.7677)	0.0680 (1.2213)	0.0475 (0.9180)	0.0684 (1.0001)	—
exportratio	—	0.2165*** (6.8297)	0.2296*** (6.5799)	0.2342*** (6.2859)	0.2187*** (6.2541)	0.3335*** (7.9817)	—
studentratio	—	—	—	—	—	0.9314*** (6.4877)	—
numwebsitesratio	—	—	—	—	—	—	0.0885** (2.1168)
w1x_localdemandratio	-0.0913*** (-5.5802)	-0.0915*** (-4.3277)	—	—	—	—	-0.1220*** (-5.7911)
w1x_taxreliefratio	0.0512** (2.3730)	0.0666*** (2.6508)	—	—	—	0.0996*** (2.7587)	—
w1x_exportratio	—	-0.0271* (-1.8243)	—	—	—	-0.0554*** (-3.0625)	—
w1x_studentratio	—	—	—	—	—	-0.1351*** (-4.3880)	—

① 包含技术改造经费支出、引进技术经费支出、消化吸收经费支出、购买国内技术经费支出。

续表

R&D expendratio	(1)	(2)	(3)	(4)	(5)	(6)	(7)
	SDM	SDM	SAC	SAR	SEM	SDM	SDM
w1x_numwebsitesratio	—	—	—	—	—	—	0.0582** (2.3139)
Rho	0.0093 (0.3753)	0.0438* (1.7398)	0.0139* (1.8649)	0.0147** (2.2322)	—	0.0496** (2.0344)	0.0370 (1.6401)
Lambda	—	—	0.0627*** (3.6808)	—	0.0675*** (3.5298)	—	—
WaldTest	1414.7264 (0.0000)	1154.7332 (0.0000)	1641.3334 (0.0000)	1635.6880 (0.0000)	1509.1633 (0.0000)	750.0226 (0.0000)	830.7264 (0.0000)
F-Test	353.6816 (0.0000)	192.4555 (0.0000)	547.1111 (0.0000)	545.2293 (0.0000)	503.0544 (0.0000)	125.0038 (0.0000)	207.6816 (0.0000)
Adjusted R^2	0.8770	0.8517	0.8928	0.8924	0.8842	0.7849	0.8037
N	155	155	155	155	155	155	155
T	2011~2015	2011~2015	2011~2015	2011~2015	2011~2015	2011~2015	2011~2015
误差形式	稳健误差	稳健误差	稳健误差	稳健误差	稳健误差	稳健误差	稳健误差

注：*、**、*** 分别代表 10%、5%、1%的显著性水平，被解释变量的系数部分，括号中是相应的 Z 值，统计量 Wald 与 F 统计量下面的括号内为相应的 P 值。使用的空间权重矩阵为 0~1 邻接矩阵，如果两个地区在地理空间上相邻设置为 1，不相邻设置为 0。Rho 值为空间自回归系数，度量的是周边地区规模以上企业的 R&D 经费内部支出对本地区规模以上 R&D 经费内部支出的影响，Lambda 值是空间自相关系数，度量的是周边地区的扰动项 u 对本地区的扰动项 u 的影响。

资料来源：笔者自制。

列（2）至列（6）则表明，各地区出口市场规模对规模以上企业的 R&D 经费内部支出形成正向激励作用，同时列（6）也表明人力资本素质的提高对企业 R&D 投入有促进作用，这一事实的直接观察可见于我国深圳地区，仅 2017 年深圳新引进各类人才 26.3 万名，相比 2016 年增长 42%，人才总量超过 510 万，已有 3 个诺贝尔奖科学家实验室，同时全社会 R&D 投入超过 900 亿元，占 GDP 比重达到 4.10%，已处于全球前列。因此，人力资本素质越高，则该地区的 R&D 投入越多。

对列（1）、列（2）、列（6）中的 SDM 模型进行观察，周边地区的市场规模扩张、出口市场规模增长、教育发展与人力资本素质提高都对本地区规模以上企业 R&D 经费内部支出占比增加产生负向影响。而周边地区对企业技术开发的税收减免税则有利于提高本地区规模以上企业 R&D 经费内部支出占比，这说明周边地区的税收减免政策会对本地区的税收减免政策产生影响，也即当周边地区税收减免数量增加时，将促使本地区做出相应的税收减免政策调整，从而可对本地区规模以上企业 R&D 经费内部支出产生正向激励作用。这其实是一种地区间税收竞争效应的使然，税收竞争、税收洼地等现象依然存在于我国局部地区。主因是我国的税收种类繁多，既有区域性、行业性政策，也有企业规模性、所有制性的政策，如区域性优惠政策已达 50 多项。我国新疆维吾尔自治区的霍尔果斯市，江苏省无锡市、徐州市等地区都有税收优惠政策。

列（7）则表明，以各地区互联网网站数占比表征的互联网发展水平对各地区规模以上企业的 R&D 经费内部支出占比产生正向激励，同时也对其他地区的 R&D 经费内部支出占比产生正向促进作用。这一发现的内在含义类似于 Mohnen（2018）得出的 ICT 投资与 R&D 投入具有互补性的结论，即研发政策刺激企业对 ICT 的投资，反之，刺激 ICT 的政策也增加企业对研发的需求。

列（1）至列（4）中的空间自回归系数 Rho 值为正，且除列（1）外均显著，列（3）显示空间自相关系数显著为正，其反映出我国规模以上企业 R&D 内部经费支出占比在地区间分布为高值与高值相邻、低值与低值相邻特征，这一特征分布形成的可能原因是规模以上的企业可能在不同区域均注册子公司，从而形成企业内部的跨区域合作现象。

4.5.2.2 各地区新产品开发经费支出占比的计量

为研究本地市场规模、对企业技术开发的税收减免等因素对各地区规模以上企业新产品开发经费支出的影响，本章的空间计量结果见表 4-7。

表 4-7 2011~2015 年各地区规模以上企业新产品开发经费支出占比分析

npfundingratio	(1)	(2)	(3)	(4)	(5)	(6)	(7)
	SDM	SDM	SAC	SAR	SEM	SDM	SDM
localdemanratio	1.0290*** (10.1101)	0.8408*** (8.5907)	0.8287*** (8.2637)	0.7578*** (8.0994)	0.8489*** (8.0603)	—	1.4400*** (11.1195)
taxreliefratio	0.4369*** (8.9332)	0.1786*** (3.1680)	0.1659*** (2.8501)	0.2156*** (3.2380)	0.1804*** (2.8730)	0.1916*** (2.6329)	—
exportratio	—	0.2314*** (5.6629)	0.2534*** (5.7148)	0.2513*** (5.2542)	0.2350*** (5.1934)	0.3269*** (6.7718)	—

续表

npfundingratio	(1)	(2)	(3)	(4)	(5)	(6)	(7)
	SDM	SDM	SAC	SAR	SEM	SDM	SDM
studentratio	—	—	—	—	—	0.8179*** (6.8637)	—
numwebsitesratio	—	—	—	—	—	—	0.1362** (2.4957)
w1x_localdemandratio	-0.1050*** (-5.5556)	-0.1129*** (-4.7638)	—	—	—	—	-0.1483*** (-4.9876)
w1x_taxreliefratio	0.0557* (1.9103)	0.0911** (2.4248)	—	—	—	0.1221** (2.5594)	—
w1x_exportratio	—	-0.0491*** (-3.1732)	—	—	—	-0.0777*** (-3.7333)	—
w1x_studentratio	—	—	—	—	—	-0.1554*** (-4.4291)	—
w1x_numwebsiteratio	—	—	—	—	—	—	0.0509* (1.7651)
Rho	0.0177 (0.7176)	0.0643*** (2.6814)	0.0246*** (2.5895)	0.0228*** (3.3125)	—	0.0690*** (2.8246)	0.0633*** (3.4257)
Lambda	—	—	0.0791*** (5.4796)	—	0.0857*** (4.6773)	—	—
Wald Test	1305.2550 (0.0000)	819.9071 (0.0000)	1505.6522 (0.0000)	1442.5715 (0.0000)	1344.8709 (0.0000)	656.5939 (0.0000)	479.9544 (0.0000)
F-Test	326.3138 (0.0000)	136.6512 (0.0000)	501.8841 (0.0000)	480.8572 (0.0000)	448.2903 (0.0000)	109.4323 (0.0000)	119.9886 (0.0000)
Adjusted R^2	0.8677	0.8004	0.8840	0.8794	0.8715	0.7599	0.6944
N	155	155	155	155	155	155	155
T	2011~2015	2011~2015	2011~2015	2011~2015	2011~2015	2011~2015	2011~2015
误差形式	稳健误差	稳健误差	稳健误差	稳健误差	稳健误差	稳健误差	稳健误差

注：*、**、*** 分别代表 10%、5%、1%的显著性水平。被解释变量的系数部分（含 Rho 值与 Lambda 值），括号中是相应的 Z 值。统计量 Wald 与 F 统计量下面的括号内为相应的 P 值。使用的空间权重矩阵为 0~1 邻接矩阵，如果两个地区在地理空间上相邻设置为 1，不相邻设置为 0。Rho 值、Lambda 值的含义与前文类似。

资料来源：笔者自制。

在表4-7中，对规模以上企业新产品开发经费支出的观察，所获得的结论与表4-6中的结论基本相同，也即市场规模扩张对各地区企业的新产品开发经费支出具有正向推动作用，政府对企业技术开发的税收减免可促进各地区企业在新产品开发方面的投入。出口增长同样对各地区企业的新产品开发经费支出产生正向影响，人力资本素质提升对各地区的新产品开发经费支出也产生正向推动作用。互联网发展同样也对本地区规模以上企业的新产品开发经费支出具有正向影响。其他地区的本地市场规模扩张、出口市场规模扩张、人力资本素质提升均对本地区规模以上企业新产品开发经费支出形成负向效应。而周边地区对企业技术开发的税收减免、互联网发展等因素对本地区规模以上企业新产品开发经费的支出产生正向影响。这些结果与表4-6基本是一致的。

列（2）、列（3）、列（4）均显示空间自回归系数Rho值显著为正，空间自相关系数Lambda也为正值，这与表4-6的结论基本一致，原因在前文已解释。

4.5.2.3 各地区规模以上企业技术获取与技术改造经费①占比的计量

为进一步探究我国各地区规模以上企业的技术获取与技术改造经费占比变动情况，本书按照表4-6、表4-7中相似的影响因素进行空间面板计量，主要结果见表4-8。

表4-8 2011~2015年各地区规模以上企业的技术获取与改造投入经费支出占比分析

te_acqu_ratio	(1)	(2)	(3)	(4)	(5)	(6)	(7)
	SDM	SDM	SAC	SAR	SEM	SDM	SDM
localdemanratio	0.7656*** (7.7440)	0.8834*** (8.4059)	0.7921*** (6.2948)	0.7967*** (7.5691)	0.8509*** (7.3200)	—	1.0499*** (7.5380)
taxreliefratio	0.1448** (2.4991)	0.3126*** (4.2649)	0.3551*** (3.6521)	0.3533*** (3.9815)	0.3785*** (3.6473)	0.3200*** (3.5643)	—
exportratio	—	-0.1578*** (-3.1040)	-0.1426** (-2.0790)	-0.1441** (-2.4164)	-0.1649** (-2.4590)	-0.0606 (-1.1235)	—
studentratio	—	—	—	—	—	0.8508*** (6.7907)	—

① 包括技术改造经费支出、引进技术经费支出、消化吸收经费支出、购买国内技术经费支出。

续表

te_acqu_ratio	(1)	(2)	(3)	(4)	(5)	(6)	(7)
	SDM	SDM	SAC	SAR	SEM	SDM	SDM
numwebsitesratio	—	—	—	—	—	—	-0.1008* (-1.7536)
w1x_localdemandratio	-0.0445 (-1.3960)	-0.0665* (-1.8110)	—	—	—	—	-0.1001*** (-2.6060)
w1x_taxreliefratio	0.0954*** (3.7313)	0.0960* (1.6791)	—	—	—	0.1341* (1.8837)	—
w1x_exportratio	—	0.0022 (0.0848)	—	—	—	-0.0264 (-0.7544)	—
w1x_studentratio	—	—	—	—	—	-0.1448*** (-2.7749)	—
w1x_numwebsitesratio	—	—	—	—	—	—	0.0896*** (3.2954)
Rho	-0.0124 (-0.4307)	-0.0115 (-0.3936)	0.0265** (2.4281)	0.0265** (2.4430)	—	0.0203 (0.6986)	0.0529** (2.2094)
Lambda	—	—	-0.0033 (-0.0668)	—	0.0013 (0.0232)	—	—
Wald Test	392.1678 (0.0000)	429.5129 (0.0000)	328.0765 (0.0000)	329.3769 (0.0000)	358.4487 (0.0000)	328.4872 (0.0000)	230.2133 (0.0000)
F-Test	98.0420 (0.0000)	71.5855 (0.0000)	109.3588 (0.0000)	109.7923 (0.0000)	119.4829 (0.0000)	54.7479 (0.0000)	57.5533 (0.0000)
Adjusted R^2	0.6449	0.6655	0.5988	0.5999	0.6228	0.5946	0.4937
N	155	155	155	155	155	155	155
T	2011~2015	2011~2015	2011~2015	2011~2015	2011~2015	2011~2015	2011~2015
误差形式	稳健误差	稳健误差	稳健误差	稳健误差	稳健误差	稳健误差	稳健误差

注：*、**、*** 分别代表 10%、5%、1%的显著性水平。被解释变量的系数部分（含 Rho 值与 Lambda 值），括号中是相应的 Z 值。统计量 Wald 与 F 统计量下面的括号内为相应的 P 值。使用的空间权重矩阵为 0-1 邻接矩阵。Rho 值、Lambda 值的含义与前文类似。

资料来源：笔者自制。

从表 4-8 可观察到本地市场规模扩张、对企业技术开发的税收减免、本地区的教育发展与人力资本增加，都对本地区规模以上企业的技术获取与技术改造经费投入产生正向推动作用。而周边地区的本地市场规模扩大、教育发展与人力资本素质增强、出口市场规模扩张对本地区规模以上企业的技术获取与技术改造经费投入产生负向影响，周边地区对企业技术开发的税收减免则对本地区技术获取与技术改造经费投入产生正向推动作用，相应的解释在前文已提及。

但是出口市场规模扩张、互联网发展对技术获取与技术改造却产生负向作用，这可能是因出口市场、互联网用户更倾向于产品多样性，因而对外贸易与互联网的发展促使规模以上企业将主要资源投入到产品创新过程，从而导致其在技术获取与技术改造方面投入的相对减少，这也说明企业在产品创新与流程创新之间存在权衡。

4.5.2.4 各地区规模以上企业的流程创新与产品创新偏好研究

为发现不同地区因市场规模大小等因素对企业在技术获取、技术改造与新产品开发偏好之间的选择不同，本章通过设置一个变量：技术获取、流程改造经费支出与新产品开发经费支出的比值（te_acqu_ratio/npfundingratio）。那么该比值越大，则表示各地区规模以上企业更偏好于技术获取与技术改造；该比值越小，则表示各地区规模以上企业越偏好于新产品开发。本章的空间计量检验结果见表 4-9。

在表 4-9 中，列（1）至列（5）显示更大的本地市场规模促使企业更多地进行产品创新，列（6）显示更高的人力资本素质也将促使企业进行更多的产品创新，这可能是因为大市场地区更偏好于产品多样性，而处于大市场地区拥有更高人力资本的劳动者与企业家，他们更倾向于从事产品开发工作以满足大市场地区的多样性需求。

列（1）、列（5）与列（6）显示“各级政府对企业技术开发进行税收减免”促使各地区规模以上企业更多地进行产品创新；列（2）、列（3）与列（4）则显示出口市场规模扩张也使得各地区规模以上企业将更大比例的经费投入至产品创新活动中；列（7）同样也显示互联网的发展导致企业更倾向于新产品研发，相对地降低了其在技术改造方面的经费投入。

4.5.2.5 产品创新与流程创新偏好选择的分位数回归计量

传统计量只是研究回归样本的平均趋势，但为观察与研究样本的分布状态、尾部特征及样本分布的整体变化情况，本章拟采用分位数估计方法进行研究，主要的计量结果见表 4-10。

表 4-9　各地区规模以上企业的产品创新与流程创新偏好选择的空间计量分析

te_acqu_ratio/npfundingratio	(1)	(2)	(3)	(4)	(5)	(6)	(7)
	SDM	SDM	SAC	SAR	SEM	SDM	SDM
localdemanratio	-14.6558*** (-9.01)	-8.6643** (-2.40)	-21.3244*** (-3.36)	-20.8627*** (-3.17)	-18.8846*** (-3.64)	—	-4.9686*** (-4.79)
taxreliefratio	-1.0771 (1.22)	—	—	—	-2.8765 (-1.64)	-3.7211*** (-3.33)	—
exportratio	—	-1.5817* (-1.80)	-0.3044 (-0.25)	-0.4174 (-0.33)	—	—	—
studentratio	—	—	—	—	—	-15.5265*** (-4.84)	—
numwebsitesratio	—	—	—	—	—	—	-6.4730*** (-11.78)
w1x_localdemandratio	-0.7103 (-0.87)	-1.9089** (-2.02)	—	—	—	—	-2.6015*** (-5.28)
w1x_taxreliefratio	2.9796*** (6.50)	—	—	—	—	1.8727*** (3.35)	—
w1x_exportratio	—	2.5282*** (6.51)	—	—	—	—	—
w1x_studentratio	—	—	—	—	—	-1.9368** (-2.23)	—

续表

te_acqu_ratio/npfundingratio	(1)	(2)	(3)	(4)	(5)	(6)	(7)
	SDM	SDM	SAC	SAR	SEM	SDM	SDM
w1x_numwebsitesratio	—	—	—	—	—	—	1.1165** (2.07)
Rho	0.0348*** (2.65)	0.0633*** (4.82)	0.0468** (2.32)	0.0536*** (3.47)	—	0.0419*** (2.63)	0.03510*** (5.33)
Lambda	—	—	0.0082 (0.37)	—	0.0435*** (2.81)	—	—
Wald Test	380.0319 (0.0000)	396.7501 (0.0000)	394.6183 (0.0000)	394.7789 (0.0000)	392.9518 (0.0000)	384.3155 (0.0000)	393.6391 (0.0000)
F-Test	95.0080 (0.0000)	99.1875 (0.0000)	197.3092 (0.0000)	197.3894 (0.0000)	196.4759 (0.0000)	96.0789 (0.0000)	98.4098 (0.0000)
(Buse，1973) Adjusted R^2	0.6368	0.6479	0.6490	0.6491	0.6479	0.6397	0.6459
N	155	155	155	155	155	155	155
T	2011~2015	2011~2015	2011~2015	2011~2015	2011~2015	2011~2015	2011~2015
误差形式	稳健误差	稳健误差	稳健误差	稳健误差	稳健误差	稳健误差	稳健误差

注：*、**、***分别代表10%、5%、1%的显著性水平。被解释变量的系数部分（含Rho值与Lambda值），括号中是相应的Z值。统计量Wald与F统计量下面的括号内为相应的P值。使用的空间权重矩阵为0~1邻接矩阵，如果两个地区地理空间上相邻设置为1，不相邻设置为0。Rho值、Lambda值的含义与前文类似。在stata中，采用不同的空间面板计量指令程序，所得的结果基本相似。

资料来源：笔者自制。

表 4-10　各地区规模以上企业的产品创新与流程创新偏好选择的分位数回归分析

te_acqu_ratio/ npfundingratio	(1) 5%分位数	(2) 5%分位数	(3) 50%分位数	(4) 50%分位数	(5) 75%分位数	(6) 75%分位数
localdemanratio	5.4129*** (4.11)	—	-6.2635 (-1.51)	—	-27.2856*** (-3.39)	—
taxreliefratio	3.4474** (2.33)	—	-4.5161** (-2.19)	—	-0.0298 (-0.00)	—
exportratio	-4.0110*** (-3.43)	—	-0.2805 (-0.18)	—	-0.3460 (-0.08)	—
studentratio	—	7.2095*** (3.68)	—	-7.1525*** (-2.67)	—	-28.6154*** (-3.99)
numwebsitesratio	—	-3.1962*** (-5.81)	—	-5.9773*** (-4.31)	—	-6.5513* (-1.92)
Pseudo R^2	0.1064	0.0759	0.0968	0.1260	0.1508	0.1869
N	155	155	155	155	155	155
T	2011~2015	2011~2015	2011~2015	2011~2015	2011~2015	2011~2015
误差形式	自举法标准误	自举法标准误	自举法标准误	自举法标准误	自举法标准误	自举法标准误

注：*、**、*** 分别代表 10%、5%、1%的显著性水平，被解释变量的系数部分，括号中是相应的 t 值。标准误差是自举法（Bootstrap）10000 次的结果。由于分位数估计方法是非参数估计方法，在 stata 中提供 Pseudo R^2。在对模型参数进行显著性检验时，采取充分利用样本信息的自举法（Bootstrap），可在小样本或中等样本下提供比传统策略更精确、更可靠的检验优势。

资料来源：笔者自制。

在表 4-10 中，通过对自变量进行排序后，因排序前 5%分位数代表的是小规模市场需求区域，排序越靠后，样本中则包含更多的大规模市场需求区域。通过比较 5%、50%、75%的分位数回归估计结果，如观察列（1）、列（3）、列（5）的回归系数值变化，则可得出市场规模越大，则流程创新经费投入与新产品开发经费投入比值越小，说明更大的市场需求规模更鼓励产品创新。比较列（3）与列（5）的回归系数绝对值大小，可得到市场规模越大，市场规模因素对该比值的影响也越大。对企业技术开发税收减免的回归系数值正号与负号变动方向与市场规模因素的系数值保持同步变化，且回归系数在列（1）、列（3）中是显著的，但在列（5）中却变得不显著。这可能反映大市场地区对企业技术开发进行税收减免并不能增强大市场地区对新产品开发的刺激。同时，出口因素则更促进小市场地区的企业进行产品创新，但在大市场地区，其促进作用则不显著。

列（2）、列（4）、列（6）的计量结果表明人力资本素质越高的地区越偏好于新产品研发，而教育发展欠发达地区更倾向于流程创新，同时各地区的互联网越发展，促使企业越倾向于产品创新，即从研发投入角度观测，互联网也将使得产品种类变得更为丰富。

同时，表4-9与表4-10的结果与图4-2、图4-3、图4-4所显示的结果一致的。而且上述这些结果与以往的研究结论基本一致。经典创新文献强调贸易自由化如何通过规模经济影响总体创新水平（Grossman 和 Helpman，1991d）。同时也有文献表明小型企业降低了产品创新，而大型出口商在CUSFTA期间则增加产品创新（Baldwin 和 Gu，2005）。产品创新和流程创新在大出口商那里具有互补性（如 Athey 和 Schmuzler，1995），但在小出口商那里则具有替代性（如 Eswaran 和 Gallini，1996）。Bustos（2009）也发现，与非出口商相比，外国关税削减将促使出口商进行更大程度的产品和流程创新。Iacovone 和 Javorcik（2010）则表明，美国关税削减之后，墨西哥现有的出口商增加的产品品种比新进入外贸市场的出口商多。

4.6 本章的讨论

本章首先构造含有异质化税率与补贴率的空间经济学理论模型，分析得出，创新知识的空间溢出效应、跨期效应有助于降低区域经济发展差异，同时公共部门对企业征税将导致企业产品创新投入的减少，而创新补贴则提高创新部门的支出与产出，不同地区的企业税率与创新补贴率将改变创新投入与产出的空间地理格局。

从经验数据观察：不同地区大中型企业的创新投入偏好存在差异，也即大市场地区更偏好于产品创新，而小市场地区更偏好流程创新：技术引进与技术改造。同时我国不同地区的创新偏好也具有趋同趋势，中西部地区的创新研发也在走向新产品研发。这一趋势说明我国整体是一个以实用型创新为主的创新体系，这一体系是以我国庞大的人口规模与市场需求为基础的，这也使得一些企业的新产品、新业务模式在还未完全成熟就已推向市场，并通过庞大的应用生态来予以修正。

在计量分析中，以各地区的预算收入占比、在校大学生人数占比、进出口额占比、消费支出占比、货物周转量占比、互联网发展水平为解释变量，以地区总体 R&D 经费支出占比、R&D 人员全时当量占比为被解释变量进行 SAR、SDM、SEM、Tobit 等空间计量的实证检验，发现空间自回归系数（*Rho*）与空间自相关系数（*Lambda*）均显著不为零，反映出各地区之间存在的显著的空间自相关特征。同时，各地区的预算收入占比、在校大学生人数占比、进出口额占比、消费支出占比、货物周转量占比、互联网发展水平等越高，则各地区 R&D 经费内部支出占比也越高，其他地区的预算收入占比、在校大学生人数占比、消费支出占比对本地区 R&D 经费内部支出占比的增长具有负向效应，但其他地区的进出口额占比、货物周转量占比、互联网发展水平对本地区的 R&D 经费支出的增长则具有正向效应，这反映出可通过商品贸易，互联网推动新知识、新技术的空间溢出，从而对本地区 R&D 经费的内部支出增长形成正向激励。

在以各地区的本地市场规模（最终消费支出与资本形成总额之和）占比、对企业技术开发的税收减免额占比、出口额占比、在校大学生人数占比、互联网发展水平为解释变量，以各地区规模以上企业的 R&D 经费内部支出占比、新产品开发经费支出占比、技术获取与技术开发经费支出占比为被解释变量的计量检验中，各地区的本地市场规模占比、对企业技术开发的税收减免额占比、在校大学生人数占比均对上述三种企业创新投入支出产生正向效应，而本地的出口额占比、互联网发展水平则对各地区规模以上企业的 R&D 经费内部支出占比与新产品开发经费支出占比形成正向推动作用，但对技术获取与技术改造经费支出占比则形成负向激励，其可解释为出口市场规模扩张、互联网发展并不鼓励流程创新。而其他地区的本地市场规模占比增加、在校大学生人数占比增加均对本地区规模以上企业的三种创新投入形成负向效应，而对企业技术开发的税收减免额占比、互联网发展水平则对各地区三种企业创新投入形成促进作用，这可解释为，其他地区对企业技术开发的税收减免激励本地区政府更大力度地对企业技术开发进行减免，从而增加本地区规模以上企业的创新投入，这也反映地方政府在税收优惠政策方面的竞争效应显著。而互联网发展推动知识在更大空间范围产生知识外溢。同时其他地区出口额占比的提升则对本地区 R&D 经费内部支出占比、新产品开发经费占比具有负向效应，但对技术获取与技术改造经费支出占比的影响则不显著。

为探寻不同规模大小的本地市场对企业创新偏好选择的影响，本章进一步设置被解释变量——流程创新与产品创新的偏好比值，通过空间计量与分位数回归计量检验发现本地市场规模较小、人力资本较少、开放水平程度不高、互联网发展水平较低的地区倾向于流程创新，反之则倾向于产品创新。因此，我国各地区创新投入的总体不均衡与各地区规模以上企业创新投入的不均衡存在差异，其体现为地区总体创新投入呈现为显著的空间竞争效应，这是因我国创新资源的配置具有集权特征。而各地区规模以上的企业创新投入则具有地区合作特征，这可能是因为我国规模以上企业内部子公司之间的跨区域合作所导致。且企业着重应用研究，但我国整体在基础研究领域投资不充足，核心技术与底层技术等对世界技术先进国家有较强的依赖性。同时又因知识产权执法等方面的原因，诸多因素导致美国等西方发达国家对我国知识产权工作的指责。当然这也可能是因西方国家忽视了我国的创新实践与创新努力，因为我国的创新形式与美国的创新形式存在一定的差异。

第❺章

空间竞争下的创新产出区域差异

党的十九大报告精辟论证我国经济社会主要矛盾的转化，即“人民日益增长的物质文化需要同落后的社会生产之间的矛盾”转化为“人民日益增长的美好生活需要和不平衡不充分的发展之间的矛盾”。地区之间的经济发展不平衡是自 1999 年西部大开发战略实施以来，我国近二十年的政策焦点及学术探讨热点。政策或学术探讨的初衷都在于如何缩小区域经济发展差异，以及如何从经济发展的地区不平衡走向相对平衡。而创新是影响未来经济发展及发展潜力的重要因素，本章继续在第 4 章基础上，着力从空间竞争、市场规模、企业技术选择的角度论证创新区域差异的成因。

5.1　市场规模与创新

党的十九大报告指出要“深化科技体制改革，建立以企业为主体、市场为导向、产学研深度融合的技术创新体系，加强对中小企业的创新支持，促进科技创新成果转化”。这延续十七大以来对企业在创新中的主导地位，强调以市场为导向、促进产学研深度融合的判断与定位。核心内涵是要推动科技创新成果转化成现实生产力及创造市场价值。

但要让创新创造市场价值，前提就必须要有大市场，从而使得一批在小市场无法实现的价值得以实现。例如我国能在大数据、人工智能、电子商务、移动支付等应用领域走在世界前沿，是因为我国拥有庞大的人口规模与市场规模，能为开展这些技术创新的互联网高科技企业提供最低用户数，从而推动企业的快速发展，这也恰如一项互联网技术要实现盈利覆盖成本所需的最低用户数为 100 万，活跃的有效用户数为 10 万，若针对我国大陆 13.9 亿人而言，仅相当于千分之一或万分之一的水平，这在统计上属于小概率事件，能与创新表现出的奇异性相匹配，且能在我国庞大市场中变现价值。但对于一个只有百万级、千万级的人口小国而言，这一最低人口规模数，要占其人口数量相当大的比重，因此只有成熟的技术与产品才可能占领这样小规模市场。人口小国难以满足一些创新技术所需要的最低人口规模基数。因此，现有的文献强调市场规模在创新中的作用，徐康宁、冯伟（2010）强调本土市场规模在自主创新中具有重要作用，这一想法可能来源于 Krugman（1980）提出的本地市场效应概念（*Home Market Effect*），即在一个规模报酬递增与贸易体系中，相对较大的市场将会产生规模经济，提高企业生产率和盈利率，从而使得企业生产的产品在满足本地市场的同时也满足其他市场需求。就市场需求与创新之间的关系而言，主要有三种观点：第一种观点认为，创新引致需求，这是萨伊定律“供给创造需求”的引申，譬如苹果公司创造性组合手机通话、移动互联网、图像、影音娱乐等技术，重新定义手机，引发新的广泛需求。又如 5G 技术、量子计算、飞行汽车等技术创新，将创造人们新的需求。日本索尼公司董事长盛田昭夫将此表述为“我们的目标是以新产品领导消费大众，而不是问他们需要什么，要创造需要”。第二种观点认为“市场需求引致创新”，即要观察市场需要什么，而后企业生产什么。如人们厌恶雾霾天气，所以企业需要不断创造出各种空气净化器和防雾霾口罩。第三种观点是市场需求与创新相互引致，即创新会创造新需求，同时需求也会引发新的发明与创造（Mowery 等，1979）。

而现代经济是一个开放型经济，新产品的市场需求既有来自本地市场，也有来自外地市场。上文中本地市场效应得以存在是因距离因素而导致贸易成本的存在，这一现象早期可见于意大利的瓷砖行业。在 21 世纪初则可见于我国电视机、洗衣机等行业。但本地市场规模并不能解释一些如我国台湾等出口导向型小型经济体的经济腾飞现象。不能解释的原因可能是，Krugman（1991a）等标准的新经济地理模型中劳动力是自由流动的，而现实中劳动力流动存在障碍，那么在这种情况下往往将导致各经济体以商品流动替代劳动力流动。因而在开放条件下厂商之间的竞争将不仅局限于本地，而且也会在国际市场、第三方市场等展开竞争，即由商品竞争替代劳动力之间的竞争。

5.2 知识创造的空间溢出与跨期外溢

尽管存在一种普遍的认知：科学知识与技术属于全人类，知识的无疆界意味着科学知识的传播最终会被全人类所使用。而另一常识也众所周知：新发现、新创造的知识通常不会瞬间扩散到世界各地的工厂与生产车间。而随着人类迈入知识经济、信息经济、智慧经济、创新经济等以“知识”为标签的时代，知识在创新产出增长、经济增长、收入增长等过程中无疑都起着越来越重要的作用。因此，知识传播的时空模式以及知识传播的障碍就可以在很大程度上解释区域之间的生产和收入的增长差异。知识溢出通俗而言是向邻居学习，而如果知识溢出效应是高度地方化的，即难以从拥有高技术的邻居那里获取新知识，那么各地区人均收入趋同的前景就渺茫。研究者如 Adams 和 Jaffe（1996）、Eaton 和 Kortum（1996）、Keller（2002）、Orlando（2004）已对该种溢出效应进行研究。技术知识溢出通常拥有三个渠道：一是知识溢出可通过产品市场产生外溢。如一家材料公司发明一种新的材料配方，竞争对手可通过逆向工程确定其组成成分，在没有知识产权保护情形下，产品配方容易被复制；又如电影《我不是药神》中的印度仿制药等。涉及产品市场的知识溢出可能是最多的，如 Bernstein（1988）、Adams 和 Jaffe（1996）、Ornaghi（2006）等人的研究。二是技术知识溢出可通过技术市场同行业企业间产生知识外溢，如政策文件中常常用到的行业共性技术等，而关于技术外溢的文献可见于 Jaffe（1986）；Bloom 等（2013）等的研究。三是技术知识溢出还可通过企业与大学、供应商、客户、竞争者等技术协作过程中产生知识外溢。如 Lhuillery 和 Pfister（2009）研究企业与竞争者的技术研发协作，Hippel（2011）研究企业与下游客户的研发合作，Clegg 等（2013）研究企业与上游供应商的合作，Soh 和 Subramanian（2014）、Scandura（2016）研究企业与大学、研发机构的研发合作，Un 和 Rodríguez（2018）等则对企业与大学、客户等各方的研发合作进行研究。

针对知识溢出的经验性量化研究，不同学者对知识溢出采用不同方法进行测量，如 Jaffe 等（1993）比较专利引用的地理位置和被引用专利的地理位置，发现美国对国内专利进行引用的更可能是美国学者，同时来自与所引用的专利相同的州和美国标准都市统计区的概率更大，知识的本地化会随着时间推移而逐渐消失，但进程非常缓慢。同时也没有证据表明更多的“基础”发明比其他发明扩散得更快。Coe 和 Helpman（1995）将国际贸易视为技术溢出的输出管道，研究表明，一个经济体对外越开放，国外研发对本国全要素生产率（TFP）的影响就越大。对大国而言，国内研发资本存量的弹性大于国外研发资本存量的弹性，这与技术溢出的局部本地化观点相一致。Eaton 和 Kortum（1996）利用专利统计数据估计国家水平上的技术扩散与生产率增长情况，他们计算的扩散系数表明，一国内部的技术扩散要多于国际间扩散，因而从这个意义上来说技术传播是地方化的。Eaton 和 Kortum 开发了一个增长和技术扩散模型，该模型适用于经合组织国家的汇总数据。该模型意味着每个国家最终将以同样的速度增长，但相对生产率取决于各个国家采用新发明的能力。因此，生产率水平而不是增长率更好地反映一个国家的创新能力或采用新技术的能力。其研究结果发现，样本中每个国家超过50%的增长来自美国、德国和日本的创新。Jaffe 和 Trajtenberg（1999）探讨美国、英国、法国、德国和日本等国发明人所取得的专利引用模式。通过比较专利引用区位来研究技术传播过程，发现专利本土化的引用现象。Keller（2002）则利用经济合作与发展组织（OECD）14 个国家的制造业数据进行实证研究，其研究结果支持知识溢出效应是局部化假设，即外国研发支出对生产率的影响大约每 1200 千米减少一半。但 Keller 同时也指出，随着时间推移，知识溢出已经变得不那么局限。Bottazzi 和 Peri（2003）采用 1977~1995 年欧洲地区的研发和专利数据，作者发现知识溢出是微弱的，他们选择各地区每平方千米的专利数量作为因变量，估计各地区研发支出的地理范围的影响，比较分析 0~300 千米、300~600 千米、600~900 千米、900~1300 千米和 1300~2000 千米范围内研发支出的影响程度，就研发投资和专利申请所产生的知识溢出而言，对邻近地区创新活动的重大积极影响似乎只存在 300 千米。然而，这种影响的规模相对较小。同时作者也发现，当本地区增加 100%的研发支出后，本地区的创新产出将增长 80%~90%，但邻近地区的创新产出只增加 2%~3%。

在知识溢出的模型化方面，按照 Romer（1990）的论述，知识资本作为一种准公共产品，可供所有潜在的创新者免费使用，这意味着一个国家的知识资本生产成本对国家制造业部门的企业数量将具有负面效应，而对其他国家的制造业部门企业数量的影响较小，这也是地理空间的知识溢出或 Marshall-Arrow-Romer 的知识外部性（Glaeser 等，1992）。而 Grosman 和 Helpmam 提出知识溢出在地理空间上的有界性并随地理距离增加而减少的知识溢出模型，后来研究者如 Martin 等称之为 Romer-Grosman-Helpman 型知识创造生产函数。考虑到 Jones（1995）对于知识跨期效应的两种考察，一种是前期知识的跨期溢出效应为正，即产生“站在巨人的肩膀上”效应；另一种则为当期或未来的知识创造仅是对前期知识的修补，对生产率的提升有限，因而这可视为前期知识创造对后期知识创造产生“涸泽而渔”效应。通过以下创新成本函数来总结这些假设，即如以下的方程式：$b(t)=\frac{1}{K^{w}(t)^{\phi}A(S_{n})}$ 其中，$b(t)$ 代表创新成本函数，$K^{w}(t)$ 代表总资本存量。$A(s_{n})=[s_{n}+\lambda(1-s_{n})]^{\phi}$，$\phi<1$ 衡量跨期知识溢出的强度，$\lambda\in[0,1]$ 是知识空间溢出程度的衡量参数，Davis 和 Hashimoto（2015）在类似含有知识创造空间溢出知识生产函数的基础上进一步区分流程创新与产品创新。

5.3 创新地理不平衡与创新中心的转移

与其他要素的地理分布不均一样，创新地理也是不平衡的，创新产出在地理空间上主要集中于城市，而且主要集中在大城市。例如 Pred（1966）得出，1860 年前后，美国 35 个重要城市的人均专利数是全国平均数的 4.1 倍。Carlino 等（2001）的研究发现，美国在 20 世纪 90 年代，92%的专利授予了都市区居民。而另一些研究指出，硅谷创造了美国 12%的专利产出，日本东京 PCT 专利占全日本的 50%左右①。从地区分布来看，美国的创新主要集中在美国研究型大学的集聚区，也即五大湖地区，东海岸的波士顿、纽约地带，西海岸的硅谷、洛杉矶地区。而创新的地理中心也存在转移。例如，从 20 世纪 70 年代以来，美国的科技创新中心逐渐从东海岸波士顿等地区转移到西海岸的硅谷地区。

在我国城市层面：北京、深圳、上海等大城市集中了我国绝大部分的创新资源与创新产出。在我国区域层面：创新产出主要集中在东部沿海地区（Crescenzi 和 RODRíGUEZ-POSE，2017）。同时，我国东部地区的创新产出也

① 杜德斌．对加快建成具有全球影响力科技创新中心的思考［J］．红旗文稿，2015（12）：25-27.

历经倒"U"形的发展态势；从专利申请数来看，1995年，东部地区专利产出占比为51.5%，2009年，东部地区专利产出占比则为72.6%，2016年，东部地区的专利产出占比则降至67.4%；因此这一过程呈现为倒"U"形变动趋势。

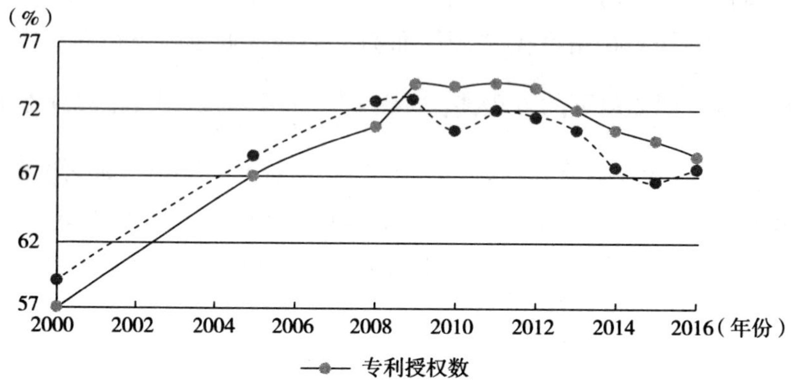

图 5-1　东部地区的专利申请数和专利授权数占比的变动趋势

注：虚线代表专利申请数占比，而实线代表专利授权数占比，此东部不包括辽宁省。

图5-1显示：1995~2009年，我国东部地区的创新产出占比呈上升趋势，而在2011年之后，东部地区的创新产出占比则呈现为下降趋势。那么这一变动趋势的原因何在？本章力图从市场规模、知识溢出、贸易成本下降、空间竞争等角度对此进行研究与解释。

5.4　数学模型

5.4.1　基本设置

按照Martin等（1999，2004）的新经济地理与增长（NEGG）的技术路线，同时参照Baldwin和Okubo（2006），Desmet等（2018）等的研究方法。本书假定如下：模型中存在两个区域，即北方和南方，两区域均存在三个部门，分别为生产同质化产品的传统部门T、生产差异化产品的制造业部门M以及产品研发部门I，使用两种生产要素，即劳动力L与知识资本K。按照FC

（自由资本流动）等模型假设，知识资本 K 自由流动，而劳动力 L 则无法自由流动。南方与北方的劳动力数量均为 L，北方地区的知识资本存量 $K(0)$ 多于南方的知识资本存量 $K^*(0)$，即有：$K(0) > K^*(0)$。南方与北方的人口自然增长率为 $g_L > 0$，人口数量呈指数增长模式。劳动力市场在每个地区都是完全竞争型市场，劳动工资率为 w。

在下文中，由于南方地区几乎是对称的，因而为论述简洁，本节将重点研究设在北方，但为了将南方与北方进行区分，以 * 代表南方地区，南方地区也可得出与北方地区类似的数学表达条件。

5.4.2 消费者选择

假定代表性家庭拥有相同的偏好，且最大化效用函数：

$$U = \int_0^\infty e^{-(\rho - g_L)t} \log[H(t)^{1-\alpha} D(t)^\alpha] dt \tag{5-1}$$

其中，ρ 为主观贴现率或时间偏好率，且 $\rho > g_L$，H 为传统部门的同质商品，D 是现代部门的复合型产品，按照 Dixit-Stiglitz（1977）的分析框架，D 由大量差异化产品组成，因此可表示为：

$$D(t) = \left[\int_0^{N_{all}(t)} D_i(t)^{1-1/\sigma} di\right]^{1/(1-1/\sigma)} \text{且}\ \sigma > 1 \tag{5-2}$$

在式（5-2）中，$N_{all}(t)$ 为两地区生产的现代部门的产品品种总数，D_i 是产品 i 的消费量，σ 为任意两种差异化产品之间的替代弹性。消费者支出函数 E 为：

$$E(t) = \int_{i\in n} p_i(t) D_i(t) di + \int_{j\in n^*} \tau p_j^*(t) D_j(t) dj + Y(t) \tag{5-3}$$

其中，p_i 和 p_j^* 分别代表北方产品 i 与南方产品 j 的价格，同时支出函数也是消费者效用最大化之下的预算约束。假定传统部门同质产品 H 的交易成本为零；制造业部门差异化产品 D_i 跨区域交易具有萨缪尔森“冰山”形式的交易成本，即制造业部门 1 单位的差异化产品到达另一个区域时，只有 $1/\tau$ 单位的货物实际到达，其中 $\tau \geqslant 1$。南方和北方的产品品种数量分别等于 n 和 n^*，同时有 $n + n^* = N_{all}$（n^*为南方的产品品种数量）。

通过拉格朗日法，在消费者支出预算约束条件下，最大化效用函数式（5-1）可得：

$$H = (1-\alpha)E; D_i(t) = \frac{p_i(t)^{-\sigma} \alpha E(t)}{P(t)^{1-\sigma}}; D_j(t) = \frac{\tau^{-\sigma} p_j^*(t)^{-\sigma} \alpha E(t)}{P(t)^{1-\sigma}} \tag{5-4}$$

其中，$P(t)=\left[\int_{i\in n}p_i(t)^{1-\sigma}di+\int_{j\in n^*}\varphi p_j^*(t)^{1-\sigma}dj\right]^{1/(1-\sigma)}$ 是北方的消费者价格指数，而南方的价格指数为 $P^*(t)=\left[\int_{i\in n}\varphi p_i(t)^{1-\sigma}di+\int_{j\in n^*}p_j^*(t)^{1-\sigma}dj\right]^{1/(1-\sigma)}$。$\varphi=\tau^{1-\sigma}\in(0,1]$ 是跨区域交易的自由度度量，它随着 τ 值下降而增加，当跨区域交易成本为零时，取得最大值 $\delta=1$。

同时，每个代表性家庭都面临最大化生命周期效用式（5-1）的跨期优化问题，其跨期预算约束条件为：

$$\dot{B}(t)=w(t)+r(t)B(t)-E(t)-g_L B(t) \tag{5-5}$$

其中，$B(t)$ 是消费者个体在第 t 期的资产，$w(t)$ 是第 t 期的劳动工资率，$r(t)$ 是第 t 期的市场利率。

依据给定的价格和支出，构建 Hamilton 函数，并求解动态优化结果，可得欧拉方程为：

$$\frac{\dot{E}(t)}{E(t)}=r(t)-\rho \tag{5-6}$$

式（5-6）表明，当且仅当市场利率 r 超过主观贴现率 ρ，消费者支出 E 才会增加。

5.4.3 厂商行为

传统部门生产同质化产品 H 仅使用劳动力（L_H），且按不变规模的技术进行生产。通过选用适当单位，将之转化为生产 1 单位的同质化产品 H 需要 1 单位的劳动力，即有：

$$H(t)=L_H(t) \tag{5-7}$$

制造业部门的企业在垄断竞争条件下生产差异化产品，每 x 单位的差异化产品生产需要 1 单位的知识资本，同时也需要 l 单位的劳动力，劳动力数量 l 与产品产量 x 之间的数量表达式为：

$$x=\beta l \tag{5-8}$$

由于劳动力数量足够多，因而可令 $w=1$。又因每个垄断厂商仅使用 1 个单位知识资本，所以两地区全部资本存量 K_{all} 将决定两个经济体中差异化产品品种总数 N_{all}。在均衡状态下，每一种产品有且只有一家厂商进行生产。因而 K_{all} 也将决定企业的总数量，此时有：

$$K_{all}(t)=K(t)+K^*(t)=n(t)+n^*(t)=N_{all}(t) \tag{5-9}$$

每个地区的“β”衡量特定生产力水平，按照 Baldwin 和 Okubo（2006）的假设，“β”服从 *Pareto* 分布：

$$G[\beta]=(\beta/\beta_0)^{\chi}\ ,1\equiv\beta_0\geqslant\beta\geqslant 0\ ,\chi\geqslant 1 \qquad (5-10)$$

其中，β_0 代表企业能够在市场竞争中生存的最大边际成本值，χ 值决定 *Pareto* 分布的形状。结合式（5-4）、式（5-8）、式（5-10），可得南方地区企业的营业利润函数为：

$$\pi^*[\beta]=\left(\frac{\beta}{1-1/\sigma}\right)^{1-\sigma}\left(\frac{\varphi s_E}{P(t)^{1-\sigma}}+\frac{1-s_E}{P^*(t)^{1-\sigma}}\right)\frac{E_{all}}{\sigma};E_{all}=E+E^* \qquad (5-11)$$

其中，$s_E=E/E_{all}$ 是北方地区占总支出的份额。而以成本加价法分别计算北方和南方企业的利润函数（只包含 β 值，因 $w=1$，价格 p 为 β 函数）为：

$$\pi[\beta]=\beta^{1-\sigma}\left(\frac{s_E}{\Delta}+\frac{\varphi(1-s_E)}{\Delta^*}\right)\frac{E_{all}}{\sigma N_{all}} \qquad (5-12)$$

$$\pi^*[\beta]=\beta^{1-\sigma}\left(\frac{\varphi s_E}{\Delta}+\frac{(1-s_E)}{\Delta^*}\right)\frac{E_{all}}{\sigma N_{all}} \qquad (5-13)$$

其中，$\Delta=s_n\int_0^1\beta^{1-\sigma}dG(\beta)+(1-s_n)\varphi\int_0^1\beta^{1-\sigma}dG(\beta)$；$\Delta^*=s_n\varphi\int_0^1\beta^{1-\sigma}dG(\beta)+(1-s_n)\int_0^1\beta^{1-\sigma}dG(\beta)$；$s_n=n/N_{all}$。

Δ 与 Δ^* 分别为北方、南方地区需求函数分母的助记符。将式（5-10）代入，求解 Δ 与 Δ^* 的简式，并假定 $1-\sigma+\rho>0$（使积分收敛），此时可得：$\Delta=\zeta[s_n+\varphi(1-s_n)]$；$\Delta^*=\zeta[\varphi s_n+(1-s_n)]$；其中，$\zeta=\dfrac{\rho}{1-\sigma+\rho}>0$，此时可使北方与南方地区的利润率差异为：

$$\pi[\beta]-\pi^*[\beta]=\beta^{1-\sigma}\left[\left(\frac{s_e}{\Delta}-\frac{1-s_e}{\Delta^*}\right)(1-\varphi)\right]\frac{E_{all}}{\sigma N_{all}} \qquad (5-14)$$

而当 $\pi[\beta]-\pi^*[\beta]=0$ 时，此时可得：

$$s_n=\frac{n}{N}=0.5+\frac{1+\delta}{1-\delta}(s_E-0.5) \qquad (5-15)$$

由式（5-15）可得：北方地区生产企业所占的市场份额与北方在世界支出中所占的份额成比例，这意味着在运输成本与收益递增的相互作用下，将产生本地市场效应（Krugman，1980）。

5.4.4 产品研发部门

企业为积累知识资本，需投入资源到产品研发部门。与 Romer（1990）一样，知识资本是一种准公共产品，可供所有潜在创新者使用。在北方，创造 1 单位的知识资本需要 l_I 单位的劳动力。同时，l_I 将随时间而变化，即有以下函数式成立：

$$\dot{K}_{all}(t)=\frac{L_{I,all}(t)}{l_{all,I}(t)}=\frac{L_I}{l_I}+\frac{L_I^*}{l_I^*},\ l_I(t)=\frac{1}{K_{all}(t)^{\phi}A(t)},\ l_I^*(t)=\frac{1}{K_{all}(t)^{\phi}A^*(t)} \tag{5-16}$$

其中，$A(t)=J(t)[s_n+\lambda(1-s_n)/\tau_k]^{\phi}$，$A^*(t)=J^*(t)[\lambda s_n/\tau_k+(1-s_n)]^{\phi}$，$\phi<1$ 度量的是跨期知识溢出的强度，$\lambda\in[0;1]$ 刻画技术溢出的程度。$J(t)$ 等符号的含义与第 4 章中的模型相同，在此不做过多讨论，具体可参见第 4 章。

当对北方的研究开发工作进行求和，易得北方地区开发新产品的总速率将由下式给出：

$$\dot{N}(t)=\dot{K}(t)=L_I(t)/l_I(t) \tag{5-17}$$

其中，$L_I(t)=\sum_i L_{I,i}(t)$ 是北方地区研发实验室所雇用的劳动力总量。

知识资本是自由流动的，两个地区以同样的速度积累资本。事实上，北方地区授予的专利并不妨碍其在南方地区使用。制造业企业将选择在利润率最高的地区进行生产，知识资本所有者能把在外地经营企业所获得的利润收入汇回本地。当市场均衡时，各地区的企业利润率相等。同时假定存在一个完美的金融市场，投资者可自由地借贷，此意味着在这两个地区进行投资的激励是相同的。

5.4.5 均衡分析

均衡增长率则与对创新的激励紧密关联，这要求投资于创新研发与以无风险利率形成借贷的套利机会是不存在的。本章称 v（t）为差异化产品部门的股票市值，该值是对企业税后营运利润的贴现值，此时有函数式：

$$v(t)=\int_t^{\infty}e^{-[R(s)-R(t)]}\pi(s)ds \tag{5-18}$$

其中，$R(t)=\int_0^t r(u)du$，此函数式为从第 0 期到第 t 期获得利润的累计折扣系数。将式（5-18）两边同时求导，可得无套利方程为：

$$\dot{v}+\pi=rv \tag{5-19}$$

在制造业部门可自由进入及零利润条件下，企业价值等于知识资本的价格，也等于生产 1 单位知识资本的边际成本为 wl_I 。在工资率等于 1 的情形下，均衡时有以下恒等式。

$$l_I = v = \frac{1}{K_{all}^{\phi} A} \tag{5-20}$$

稳定状态下，A 是常数。因此，可计算得到企业价值的增长率为：

$$\frac{\dot{l}_I}{l_I} = \frac{\dot{v}}{v} = -\phi g \left(\frac{\dot{N}_{all}}{N_{all}} = \frac{\dot{K}_{all}}{K_{all}} = g \right) \tag{5-21}$$

企业价值以 ϕg 速度下降的原因是产品品种增长率 g 的提高将意味着更多企业进入市场。而这增加了差异化产品部门的竞争，间而降低企业利润。企业的价值是各期利润的贴现值。将式（5-12）、式（5-20）、式（5-21）等代入式（5-19），可将无套利方程表达为：

$$\beta^{1-\sigma}\left(\frac{s_E}{\Delta} + \frac{\delta(1 - s_E)}{\Delta^*}\right)\frac{\alpha E_{all} K_{all}^{\phi-1} A s_K}{\sigma} = r + \phi g \tag{5-22}$$

在式（5-22）中，将 g 对 r 和 λ 分别进行求导，可得 $\partial g/\partial \lambda > 0$，$\partial g/\partial \tau_k < 0$。

这说明知识的空间溢出有助于经济增长，而贸易成本上升则降低整体经济增长率。例如美国特朗普政府以国家安全为名，实施多项贸易保护政策，提高整体关税水平。这将降低世界经济的潜在成长率，同时也将降低美国经济的增长率。

对式（5-22）两边同时取对数则有：

$$\ln K_{all} = \frac{1}{1-\phi}\ln s_E + \frac{1}{1-\phi}\ln E_{all} + \frac{1}{1-\phi}\ln A + \frac{1}{1-\phi}\ln\left\{\frac{\alpha}{\sigma}\frac{\beta^{1-\sigma}}{r+\phi g}\left(\frac{1}{\Delta} + \frac{\delta(s_E^{-1} - 1)}{\Delta^*}\right)\right\} \tag{5-23}$$

从式（5-23）可得：当 $1 - \phi > 0$ 时，$\partial \ln K_{all}/\partial \ln s_E > 0$，即知识资本与本地市场规模成正相关关系，同时 $\ln A$ 也说明创新知识的跨期与空间溢出效应的存在。

由于 K、E、L 是变量，因此对式（5-23）两边求导后，可有：

$$(1-\phi)\frac{\dot{K}_{all}}{K_{all}} = \frac{\dot{E}_{all}}{E_{all}} + \frac{\dot{L}}{L},$$

因而此时有：

$$g = \frac{r - \rho + g_L}{1 - \phi} \tag{5-25}$$

由此可得【定理5-1】：

【定理5-1】 人口增长率 g_L 越高，跨期知识溢出程度 φ 越强，预期利润率 r 与主观贴现率 ρ 之差越大，则知识资本与产品品种增长率 g 越高。

5.4.6 对均衡的偏离——新技术的选择决策

对均衡条件的偏离研究，本章首先考察单个行业及单个企业转向新技术的决策，区域 r 生产产品 i 的产量 x 与劳动力数量之间的关系可表示为：

$$x_i = \beta(1 - \gamma)(l - \kappa) \tag{5-26}$$

其中，$\kappa > 0$ 是固定经营成本的增加（以劳动力数量表达），$\gamma > 0$ 为新技术（如人工智能等）对流程改善的幅度。

在单个企业采用现代技术条件下，假定经济体中所有其他企业均可继续使用旧技术。本部分侧重分析北方地区单个企业偏离旧技术的动机，对于南方地区的企业，也可推导出类似的表达式。为便于表达，使用 π 表示与旧技术偏差有关的变量。让 π' 表示一家北方企业偏离旧技术的利润，那么一家北方企业在下列情形下将会偏离均衡状态并转向使用新技术：

$$\pi' > \pi \tag{5-27-1}$$

其中，$\max\limits_{p_i, p_i^*} = \{p_i D_i + p_i^* D_i^* - w[\kappa + \beta(1 - \gamma)(D_i + \tau D_i^*)]\}$

$$\text{s.t.}\ D_i(t) = \frac{p_i(t)^{-\sigma} \alpha E(t)}{P(t)^{1-\sigma}}; \tag{5-27-2}$$

$$D_i^*(t) = \frac{\tau^{-\sigma} p_i(t)^{-\sigma} \alpha E^*(t)}{P^*(t)^{1-\sigma}} \tag{5-27-3}$$

若该北方企业使用新技术，其可雇用任何工人，因而相关的工资率按 w 计算。但需注意的是，企业在什么时候更倾向于采用新技术？从式（5-27）中可观察到，较大的本地市场规模（D_i）及外地市场规模（D_i^*），较低的运输成本 τ 以及较大的 γ 值（新技术对流程改善幅度），均提高企业采纳新技术的概率。因此有【定理5-2】。

【定理5-2】 市场需求规模越大、运输成本较低、新技术对流程改善的幅度越大，则增加个别企业采用新技术的概率。

同时市场规模的扩大，也有利于企业规模扩张（$p_i D_i + p_i^* D_i^*$）；因此电子商务、互联网的发展扩大了市场边界，有助于企业规模扩张。而运输成本的下降对采用新技术的概率也产生类似影响，高铁等交通设施的改善降低运输成本，这些因素都会增加企业采用新技术的倾向。

由于产品研发部门只使用一种生产要素劳动力，因而，在零利润均衡条件下，产品研发部门的收入等于其劳动力工资收入，又因产品研发部门是向制造业部门出卖产品创意，由此产品研发部门的收入等于制造业部门的剩余利润，因此，产品研发部门的工资收入 = 产品研发部门的收入 = 制造业部门的利润，结合式（5-18）可有以下等式成立：

$$[\beta(1-\gamma)]^{1-\sigma}\left(\frac{s_E}{\Delta}+\frac{\delta(1-s_E)}{\Delta^*}\right)\frac{\alpha E_{all}s_n}{\sigma}=wL_I=wl_I\dot{K} \tag{5-28}$$

在式（5-28）中，由于 $1-\sigma<0$，因此在其他变量保持不变的情况下，γ 值越大，则 $\dot{K}$ 越小，即有 $\partial\dot{K}/\partial\gamma>0$，由此厂商既通过流程创新提高效率，同时，也为产品研发部门的产品创新提供支持，如美国使用更高水平的自动化技术促使更多的人转向研发设计工作。但是 γ 值的提高，将增大等式（5-28）左边值，此时对于等式右边而言，若 w 与 $\dot{K}$ 保持不变，则将提高 l_I 值。但要提高 γ 值，则需要投入 κ 单位劳动力。因而在劳动力总量既定的情形下，流程创新投入与产品创新投入之间存在权衡。

同时因 $\delta=\tau^{1-\sigma}$，所以易得到 $\partial\dot{K}/\partial\tau<0$，这意味着运输成本的下降将有利于产品创新。

将 $\dot{K}$ 对 s_E、s_n 求偏导，可得 $\partial\dot{K}/\partial s_E>0$，$\partial\dot{K}/\partial s_n>0$，这些表明北方地区的消费支出规模、生产规模扩张均有利于产品创新。

将 γ 对 s_E、s_n 求偏导，则有 $\partial\gamma/\partial s_E<0$，$\partial\gamma/\partial s_n<0$ 这意味着处于小规模市场地区的企业可能会倾向于在流程方面进行创新，这与第 4 章中我国中西部地区在 2005 年之前通过技术引进、购买技术、技术改造等进行流程方面的改造是相一致的，同时这也在第 4 章的计量检验中得到验证。

综上可得以下【定理 5-3】：

【定理 5-3】 运输成本下降，自由贸易发展，支出规模、生产规模的扩大等都对产品创新具有推动作用，同时大市场地区的企业倾向于产品创新，而小市场地区的企业倾向于流程创新。

5.5 实证检验

5.5.1 计量模型

由式（5-16）及北方地区开发新产品的总速率方程有 $\dot{K}(t) = wL_I(t) K_{all}^{\phi}(t)A(t)$，对其两边同时取对数后，有 $ln\dot{K}(t) = \ln[wL_I(t)] + \ln A(t) + \phi \ln K_{all}(t)$，结合式（5-23）可得式（5-29）：

$$Ln\dot{K}(t) = \ln[wL_I(t)] + \frac{\phi}{1-\phi}\ln s_E + \frac{\phi}{1-\phi}\ln\left\{E_{all}\frac{\alpha}{\sigma}\left(\frac{1}{\Delta} + \frac{\delta(s_E^{-1}-1)}{\Delta^*}\right)\right\} + \frac{1}{1-\phi}\ln A + \frac{\phi}{1-\phi}\ln\frac{\beta^{1-\sigma}}{r+\phi g} \quad (5-29)$$

式（5-29）左边代表新创造的知识，等式右边第一项代表科研资源投入，等式右边第二项代表本地市场规模大小，等式右边第三项代表产品市场大小，等式右边第四项代表知识溢出，等式右边第五项代表各地区的个体特征。基于此，本书提出以下创新产出的计量模型——式（5-30）：

$$New\_pro_{it} = \beta_0 + \beta_1 Np\_fund_{it} + \beta_2 Market\_scal_{it} + \beta_3 Capital\_h_{it} + \beta_4 Tax\_relief_{it} + \varepsilon_{it} \quad (5-30)$$

其中，i 代表地区，t 代表年份，*New_pro* 代表第 i 个地区第 t 期的创新产出；*Np_fund* 代表第 i 个地区第 t 期的创新投入；*Market_scal* 代表市场规模；而 *Capital_h* 则代表各地区的知识资本存量和人力资本素质；*Tax_relief* 代表税收减免，是各地区政府税收偏好的代理变量，是各地区个体特征的一种代表。

5.5.2 变量选择及数据来源

5.5.2.1 数据来源

数据来源于 1998~2016 年《中国科技统计年鉴》《中国统计年鉴》《中国

高新技术统计年鉴》《工业企业科技活动统计年鉴》等。由于统计口径的差异①，2000~2010 年采用的是大中型企业口径数据，而 2011~2016 年则采用规模以上工业企业口径数据。

5.5.2.2 解释变量选择

（1）创新产出。

创新产出在文献中常使用新产品的销售收入来进行衡量，如 Acs 和 Audretsch（1988），Audretsch 和 Feldman（1996），Feldman 和 Audretsch（1999），陈林等（2011）。另一些文献也可能选用专利数据作为区域创新绩效的度量指标（Acs 等，2002；Bettencourt 等，2007；温军、冯根福，2012）。因此，为进一步突出各地区创新产出份额的变动趋势及相互依存关系，本章选用各地区新产品销售收入占比（*npsalesratio*）来衡量各地区相对创新产出。同时采用各地区企业的专利申请数（*patent*）及专利申请数占比（*patentratio*）来表示。

（2）创新投入。

本章分别以各地区企业的 R&D 经费内部支出（*r&dexpend*）及占比（*r&dexpendratio*）、新产品开发经费（*npfunding*）及占比（*npfundingratio*）、R&D 人员折合全时当量（*r&dfulltime*）等来代表各地区创新投入水平。

（3）市场规模。

本章的市场规模包括本地市场规模、产品市场规模与电子商务市场规模。

本地市场规模。徐康宁和冯伟（2010）表明本土市场规模是我国创新发展的第三条道路。在许多文献研究中，通常都选用 GDP 作为本地市场规模代表，但 GDP 中通常都包含进出口因素的影响。因此为剔除这一因素影响，本章选用各地区最终消费与资本形成的总额占比（*localdemandratio*）来表示本地市场规模的影响。

---

① 国家统计出版社出版的《工业企业科技活动统计年鉴》等年鉴中，大中型工业企业满足以下条件：2000~2002 年指按照原国家经委、原国家计委、国家统计局等部门联合制定的《大中小型工业企业划分标准》确定的大中型工业企业。2003~2010 年的大中型工业企业需同时满足从业人员年平均人数在 300 人及以上、年主营业务收入在 3000 万元及以上、资产总计 4000 万元及以上的工业企业。其中大型企业指同时满足从业人员年平均人数在 2000 人及以上、年主营业务收入在 3 亿元及以上、资产总计 4 亿元及以上的工业企业。而 2011 年之后《中国统计年鉴》等年鉴中的“规模以上工业企业”满足以下条件，即年主营业务收入在 2000 万元及以上的工业企业。其中大型企业指同时满足年末从业人员人数在 1000 人及以上、年主营业务收入在 4 亿元及以上的工业企业，中型企业指年末从业人员人数介于 300 人（含）至 1000 人（不含）并且年主营业务收入介于 2000 万元（含）至 4 亿元（不含）的工业企业。

产品市场规模。本章以各地区企业产品销售收入的绝对量占比（*salesratio*）来表征各地区产品市场规模的大小。

电子商务市场规模。在2014~2017年的《中国统计年鉴》中电子商务市场规模主要统计两个指标，即各地区的电子商务采购额、各地区的电子商务销售额，本章分别以上述这两个指标来代表各地区的电子商务规模的大小，即使用各地区电子商务采购额的绝对量（*purchaseofe*）与相对份额（*purchaseoferatio*），以及各地区电子商务销售额的绝对量（*salese*）与相对份额（*saleseratio*）。

（4）人力资本素质。

人力资本禀赋直接影响从国外引进技术或知识传播的速度（Nelson和Phelps，1966），以及国内的创新速度（Romer，1990）。一般文献中通常有以下几种表示方法：其一，以受教育年限来表示人力资本素质；其二，以大专以上文化水平的人口占比来表示人力资本素质；其三，以在校大学生数来表示人力资本素质的情况。本章以各地区在校大学生数绝对量（*student*）和相对份额（*studentratio*）来表示各地区的人力资本素质发展情况。

（5）政府税收减免。

为进一步考察政府税收减免对各地区创新产出所造成的影响，本章拟采用"享受各级政府对企业技术开发的税收减免税"的绝对量（*taxrelief*）与相对量（*taxreliefratio*）这一指标来进行衡量。

本章所使用的空间权重矩阵均为空间毗邻权重矩阵，即当两地区在地理空间上相邻时，其值设置为1，如广东省与湖南省；而当两地区在空间上无毗邻关系时，其值设置为0，如广东省与新疆维吾尔自治区。

5.5.3 回归计量结果

由于我国"规模以上企业""大中型企业"的统计口径在2011年均发生改变，因此本章为使得结果具备可靠性，主要分为两个时期，构建三个样本子集进行计量分析，样本子集分别为：2000~2010年各地区大中型企业的新产品销售收入、2011~2015年各地区规模以上企业的新产品销售收入、2011~2015年各地区规模以上企业的专利申请等数据集，且从相对份额与绝对量两个维度来进行计量检验。

5.5.3.1 2000~2010年各地区大中型企业新产品销售收入相对份额分析

按照本章的计量方程，首先采用空间计量方法对我国2000~2010年各地区大中型企业新产品销售收入的相对份额（比例数）进行计量检验，结果见表 5-1。

表 5-1　2000~2010 年 30 省大中型企业新产品销售收入比重影响因素分析

被解释变量：npsalesratio	(1)	(2)	(3)	(4)	(5)	(6)
解释变量	OLS+FE	OLS+FE	OLS+FE	SAR+FE	SAR+FE	SLM+FE
localdemandratio	-0.0251 (-0.4654)	—	—	—	—	—
npfundingratio	0.4326*** (15.9875)	0.2987*** (7.5637)	0.2991*** (7.7113)	0.2856*** (7.2631)	0.2844*** (7.2208)	0.2691*** (6.3896)
salesratio	—	0.5278*** (10.7233)	0.5243*** (10.7275)	0.5112*** (10.3208)	0.5093*** (10.2669)	0.5067*** (9.6471)
taxreliefratio	0.0043 (0.2927)	0.0087 (0.6127)	—	—	—	—
studentratio	1.0579*** (24.4983)	0.7741*** (24.1015)	0.7701*** (24.0274)	0.8237*** (23.9088)	0.8294*** (24.0339)	0.7835*** (20.0931)
tjdumy	—	—	—	—	-0.0005 (-0.4824)	—
w1x_npfundingratio	—	—	—	—	—	-0.0348* (-1.8508)
w1x_salesratio	—	—	—	—	—	-0.0900*** (-3.8372)
w1x_studentratio	—	—	—	—	—	0.1340*** (13.2902)
Rho	—	—	—	-0.0442*** (-9.3078)	-0.0486*** (-10.2003)	—
Global Moran MI	0.0618 (0.0778)	0.0588 (0.0919)	0.0512 (0.1394)	0.0353 (0.2968)	0.0358 (0.2896)	0.0410 (0.2307)
Geary GC	0.6562 (0.0000)	0.6353 (0.0000)	0.6379 (0.0000)	0.6592 (0.0000)	0.6593 (0.0000)	0.6268 (0.0000)
Getis-Ords GO	-0.2676 (0.0778)	-0.2549 (0.0919)	-0.2219 (0.1394)	-0.1528 (0.2968)	-0.1553 (0.2896)	-0.1775 (0.2307)

续表

被解释变量：npsalesratio	(1)	(2)	(3)	(4)	(5)	(6)
解释变量	OLS+FE	OLS+FE	OLS+FE	SAR+FE	SAR+FE	SLM+FE
LM-Lag（Robust）	28.2294 (0.0000)	1.3747 (0.2410)	1.0123 (0.3144)	420.4462 (0.0000)	430.3191 (0.0000)	0.0748 (0.7845)
LMSAC(LMErr+LMLag_R)	30.8744 (0.0000)	3.7739 (0.1515)	2.8425 (0.2414)	421.3083 (0.0000)	431.2044 (0.0000)	1.2237 (0.5424)
Wald Test	188.7230 (0.0000)	249.4634 (0.0000)	245.0879 (0.0000)	8825.2005 (0.0000)	8731.6850 (0.0000)	8765.2744 (0.0000)
F-Test	47.1807 (0.0000)	62.3658 (0.0000)	81.6960 (0.0000)	2206.3001 (0.0000)	1746.3370 (0.0000)	1460.8791 (0.0000)
Adjusted R^2	0.2968	0.3712	0.3677	0.4221	0.4071	0.2502
Hausma-LM 检验	130.2849 (0.0000)	28.5501 (0.0000)	26.8043 (0.0000)	33.4477 (0.0000)	33.6562 (0.0000)	15.8128 (0.0148)
N	2000~2010	2000~2010	2000~2010	2000~2010	2000~2010	2000~2010
T	330	330	330	330	330	330
误差形式	稳健误差	稳健误差	稳健误差	稳健误差	稳健误差	稳健误差

注：*、**、*** 分别代表10%、5%、1%的显著性水平。在表5-1中，被解释变量的系数部分，括号中是相应的t值或z值；而在统计量部分，括号内的值为相应的P值。所有的误差形式均为稳健误差。本表是除西藏以外我国大陆地区30个省份的统计计量检验结果，使用的地理空间权重矩阵为0~1邻接矩阵。tjdumy代表2002年与2003年的统计差异，即关于大中型企业的统计差别，而在表5-1中，这种差异不显著。从Wald检验与F检验值来看，各方程都较为显著。从空间相关的检验来看，全局相关性系数Moran'sI的系数值不显著，同时GC值具有较强的显著性水平。但在整体上表现为高高相邻特征，但这并不妨碍地区之间的竞争效应。其中标注符号“w1x_”项为带有空间权重的解释变量，代表其他地区解释变量对本地区的空间关联影响。列（6）采用的方法是组间估计方法。在空间计量模型中，SLM的含义是空间自回归系数Rho=0时，同时带有被解释变量的空间权重项的空间计量，Rho值代表其他地区的新产品销售收入占比对本地区新产品销售收入占比的影响。

资料来源：笔者自制。

在表5-1中，从F统计量及Wald统计量来进行观察，所有模型的系数均很显著，但从方程拟合优度的检验值及调整后的 R^2 值来观测，则调整后的 R^2 值相对较小，这意味着回归直线对观测值的拟合相对较差；但这也可能与算法有关，如将列（4）和列（5）进行比较，可观察到随着被解释变量增加，调整后的 R^2 值反而减小。

三个统计变量 Global Moran MI[①]，Geary GC[②]，Getis-Ords GO 指数都是全局相关性检验，在列（3）至列（6）的检验中，Global Moran MI 值与 Getis-Ords GO 值都不显著，尽管 Geary GC 值显著，因此上述三个指标值在空间相关性上的检验并不一致。但从空间自回归系数 Rho 值及其对应的 P 值来判断，可拒绝 Rho=0 的原假设，而 Rho 值反映其他地区滞后 1 期的新产品销售收入占比对本地区新产品销售收入占比的影响，但其检验结果为负，这说明地区之间的竞争效应显著。

在表 5-1 中，列（1）至列（6）均显示本地新产品经费投入的增加对新产品销售收入具有显著正向推动作用。

但最终消费与资本形成总额对新产品销售收入的影响不显著，也即本地市场需求对新产品销售收入的提升作用不明显。一种可能的原因是，该段时期贸易出口（产品市场规模）增长较快，从而可能掩盖对本地市场需求的影响。

从产品市场需求规模的角度来看，列（2）至列（6）的计量结果均显示产品市场需求的扩大能带来新产品销售收入的增加。

在校大学生人数增长，也意味着本地区人力资本素质提升，这将提高本地的创新产出，同时这也说明创新研发的基础是人才，因而可解释为何在创新发展过程中，各地区对人才展开竞夺，出现“抢人”大战的现象。

而从列（6）（空间计量模型 SLM 的固定效应模型）的计量结果来看，其他地区的新产品投入与产品市场需求对本地的创新产出具有负向效应，而其他地区在校大学生人数则对本地的创新产出具有正向性溢出，这反映人力资本与知识资本的空间溢出效应。

5.5.3.2 2011~2015 年各地区规模以上企业的新产品销售收入相对份额分析

正因为 2011~2015 年有别于 2000~2011 年数据的统计口径，因此本章进一步对 2011~2015 年规模以上企业数据进行空间计量回归检验，主要结果见表 5-2。

① 也即前文的莫兰指数（Moran's I 指数），其判断标准为大于 0 时，高值与高值相邻；而小于 0 时，则为高值与低值。

② 吉尔里指数 C 的判断标准小于 1 时，为高值与高值相邻；而大于 1 时，则为高值与低值相邻。

表 5-2　我国 2011~2015 年 31 省规模以上企业新产品销售收入比重回归分析

被解释变量：npsalesratio	(1)	(2)	(3)	(4)	(5)
解释变量	OLS+FE	SAR+FE	SLM+FE	SLM+FE	SLM+Tobit
w1y_npsalesratio	—	-0.1406*** (-40.3968)	—	—	—
localdemandratio	0.3894*** (7.1910)	0.3426*** (6.5503)	0.2550*** (4.4893)	0.4136*** (10.6121)	0.3501*** (2.8675)
npfundingratio	0.2246*** (9.5261)	0.2185*** (9.6457)	0.1874*** (7.1474)	0.2494*** (11.2047)	0.7029*** (9.8771)
salesratio	0.0644 (1.3157)	0.2264*** (4.6845)	0.0532 (1.0419)	—	—
w1x_localdemandratio	—	—	-0.1391*** (-7.6909)	-0.0298*** (-3.1403)	-0.0855*** (-2.9032)
w1x_npfundingratio	—	—	0.0126 (1.0921)	0.0693*** (10.1456)	0.0757*** (3.5845)
w1x_salesratio	—	—	0.1823*** (7.4256)	—	—
Rho	—	-0.1406*** (-40.3968)	—	—	—
Global Moran MI	-0.0970 (0.0814)	-0.1872 (0.0005)	-0.2060 (0.0001)	-0.2040 (0.0001)	-0.2040 (0.0001)
Geary GC	1.1175 (0.2469)	1.2000 (0.0416)	1.1569 (0.1014)	1.1594 (0.1003)	1.1594 (0.1003)
Getis-Ords GO	0.4316 (0.0814)	0.8333 (0.0005)	0.9172 (0.0001)	0.9080 (0.0001)	0.9080 (0.0001)
LM-Lag (Robust)	—	1236.8902 (0.0000)	0.2962 (0.5863)	—	0.6910 (0.4058)
LMSAC (LMErr+LMLag_R)	—	1248.2114 (0.0000)	13.6505 (0.0011)	—	14.1334 (0.0009)
Wald Test	312.3556 (0.0000)	3899.7872 (0.0000)	3155.0438 (0.0000)	3686.0792 (0.0000)	969.2216 (0.0000)
F-Test	104.1185 (0.0000)	974.9468 (0.0000)	525.8406 (0.0000)	921.5198 (0.0000)	242.3054 (0.0000)

续表

被解释变量：npsalesratio	(1)	(2)	(3)	(4)	(5)
解释变量	OLS+FE	SAR+FE	SLM+FE	SLM+FE	SLM+Tobit
Adjusted R^2	0.5852	0.3326	0.4369	0.0469	0.9509
Hausman 检验	29.0854 (0.0000)	46.6302 (0.0000)	26.6318 (0.0002)	22.2481 (0.0002)	—
N	155	155	155	155	155
T	2011~2015	2011~2015	2011~2015	2011~2015	2011~2015
误差形式	稳健误差	稳健误差	稳健误差	稳健误差	非稳健误差

注：*、**、*** 分别代表的是 10%、5%、1%的显著性水平，系数相应括号内为相应的 T 值或 Z 值。w1y_npsalesratio 的系数值与 Rho 值是一致的。GlobalMoranMI（全局莫兰指数）、GearyGC（吉尔里指数 C）、Getis-OrdsGO（Getis-Ords 指数 G）三个指标均代表空间自相关指数。其中，标注符号"w1x_"的项为带有空间权重项的解释变量，代表的是其他地区解释变量对本地区的空间关联影响。列（1）、列（2）采用的是组间估计法，列（7）使用的是 Tobit 模型估计法。

资料来源：笔者自制。

在表 5-2 中，从 Wald 统计量及 F 统计量来看，由于其值较大，且相对应的 P 值较小，这说明计量回归方程整体均很显著。

而观察拟合优度的检验值——调整后的 R^2 值，除列（1）与列（5）外，R^2 值均较小，其他方程的 R^2 值均较大。空间自相关系数 Rho 值为负，显示各地区新产品销售收入占比存在空间竞争效应。

与表 5-1 不同之一：在表 5-2 中，本地市场需求系数变得更显著，这意味着本地市场需求在新产品创新过程中变得更为重要。对其可能的解释是本地市场需求规模对创新推动具有门槛效应。换言之，只有当本地市场需求规模发展壮大到一定程度之后，才会对本地市场创新具有较强的推动作用。另一种可能的解释见图 5-1。

与表 5-1 不同之二：在表 5-2 中，列（3）至列（5）均显示各地间的本地市场需求具有竞争效应，也即周边地区的市场规模增长推动周边地区创新产出更多，从而间接对本地的创新产出产生负向效应。但在投入产出方面，产品的跨区域销售、新产品研发经费的增加均可能存在技术知识的空间溢出效应。

观察表 5-1 中列（6）与表 5-2 中列（3）的计量结果发现，其他地区产品市场规模占比（*salesratio*）对本地新产品销售收入占比的影响不一致，在表 5-1 中列（6）的回归系数值为正值，而在表 5-2 中列（3）的回归系数值为负值，为何会出现本地市场需求和产品市场需求作用不一致的情形？本书给出以下解释：

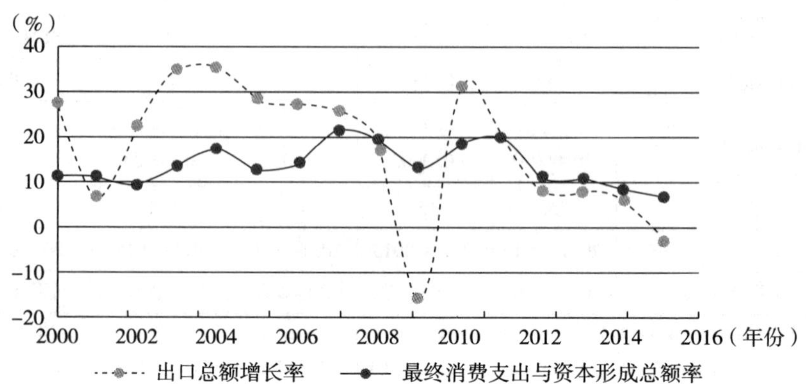

图 5-2　出口总额增长率、最终消费支出与资本形成总额关系

资料来源：笔者制作。

在图 5-1 中，2000~2010 年的出口总额复合年均增长率为 18.3%，而同期本地市场需求规模（最终消费支出与资本形成总额）的复合年均增长率为 13.5%。2011~2015 年的出口总额年均复合增长率为 3.7%，而同期最终消费支出与资本形成总额的年均复合增长率为 7.2%。具有高增长率的市场往往带来更高的财富增长值，因此人们更倾向于在更优势的资源、更具增长性的市场上展开竞争，以获得最大化产出，而在次优一级的市场上则可能表现为合作关系。这也表明人们可能呈现为一种“放小利而取大利”的行为，继而在 2000~2010 年各地区在出口市场上具有竞争性，而在 2011~2015 年则在本地市场上具有较强的竞争性。在现实中可观察到的另一个例子是：各国（包括美国）都竞相争取成熟而庞大的需求市场（如美国、中国等），但在欠发达的一带一路沿线国家、非洲国家，各个国家则试图以合作的方式共同开发第三方市场，以达到降低市场风险的目的。同时表 5-3 中的列（4）、列（5）、列（6）、列（7）的计量结果也对上述解释予以部分支持。

5.5.3.3　动态空间面板数据的计量

多数情形下的计量结果均可能存在内生性问题，如在本节中，因新产品的销售收入份额会带来产品市场份额的上升，这里可能存在反向因果等所导致的内生性，因此需要使用动态面板数据的计量模型予以解决。表 5-3 列示动态面板数据模型的计量与检验结果。

表 5-3 各地区新产品销售收入比重动态空间面板模型计量分析表

被解释变量：npsalesratio	(1)	(2)	(3)	(4)	(5)	(6)	(7)
解释变量	SLM+FE	SAR+FE	SAR+FE	SLM+FE	SLM+FE	SLM+FE	SLM+FE
L. npsalesratio	0.9466*** (3.5334)	0.9930*** (3.2893)	1.0635*** (3.8234)	0.9998*** (3.5734)	1.1279*** (5.0474)	0.7871*** (5.0543)	0.7034*** (3.3801)
localdemandratio	0.2825* (1.7624)	0.4860** (2.2653)	—	0.4994*** (5.4061)	—	0.2364 (1.2042)	—
npfundingratio	0.2174** (2.2321)	0.1383 (1.0748)	0.1436 (1.0900)	—	—	—	—
taxreliefratio	—	0.0451 (1.2588)	0.0490 (1.3391)	—	—	—	—
studentratio	—	0.0336 (0.1491)	0.4531*** (3.0926)	—	—	—	—
exportratio	—	—	—	—	0.4166*** (4.9620)	—	0.1093** (2.0154)
w1x_localdemandratio	0.0161 (0.1571)	—	—	-0.0374 (-0.6092)	—	-0.0888 (-1.0023)	—
w1x_npfundingratio	0.0119 (0.2392)	—	—	—	—	—	—
w1x_exportratio	—	—	—	—	0.0313 (0.5845)	—	-0.0036 (-0.1676)
Rho	—	-0.1104*** (-2.6511)	-0.0910** (-2.1815)	—	—	—	—
Global Moran MI	-0.1854 (0.0006)	-0.1330 (0.0155)	-0.1694 (0.0018)	0.0591 (0.1747)	0.0784 (0.0766)	-0.0176 (0.6768)	0.0342 (0.2893)
Geary GC	1.1419 (0.1307)	1.1327 (0.1426)	1.1672 (0.0776)	0.9502 (0.6152)	0.8735 (0.2279)	0.8083 (0.2028)	0.7680 (0.1085)
Getis-Ords GO	0.8252 (0.0006)	0.5921 (0.0155)	0.7543 (0.0018)	-0.2629 (0.1747)	-0.3489 (0.0766)	0.0763 (0.6768)	-0.1483 (0.2893)
LM-Lag(Robust)	0.3724 (0.5417)	28.3594 (0.0000)	36.6555 (0.0000)	12.7134 (0.0000)	5.8259 (0.0158)	4.2849 (0.0385)	2.1598 (0.1417)
LMSAC (LMErr+LMLag_R)	11.3276 (0.0035)	33.9248 (0.0000)	45.8087 (0.0000)	14.0961 (0.0000)	8.2612 (0.0161)	4.5015 (0.1053)	2.9767 (0.2257)

续表

被解释变量：npsalesratio	(1)	(2)	(3)	(4)	(5)	(6)	(7)
解释变量	SLM+FE	SAR+FE	SAR+FE	SLM+FE	SLM+FE	SLM+FE	SLM+FE
Wald Test	52.0670 (0.0000)	69.8518 (0.0000)	76.6440 (0.0000)	58.5173 (0.0000)	74.7989 (0.0000)	465.3858 (0.0000)	260.5294 (0.0000)
F-Test	10.4134 (0.0000)	11.6420 (0.0000)	15.3288 (0.0000)	19.5058 (0.0000)	24.9330 (0.0000)	155.1286 (0.0000)	86.8431 (0.0000)
Adjusted R^2	0.2379	0.2963	0.3205	0.2340	0.2824	0.6078	0.4637
VIF	4.6873	14.8380	5.9371	—	—	—	—
Hausman-LM 检验	22.9821 (0.0003)	-71.2694 (0.0000)	-28.1375 (0.0000)	12.11072 (0.0070)	1.74954 (0.6260)	2.32773 (0.5072)	2.61800 (0.4543)
N	155	155	155	186	186	330	330
T	2011~2015	2011~2015	2011~2015	2011~2016	2011~2016	2000~2011	2000~2011
误差形式	稳健误差	稳健误差	稳健误差	稳健误差	稳健误差	稳健误差	稳健误差

注：*、**、*** 分别代表10%、5%、1%的显著性水平，被解释变量的系数部分，括号中是相应的T值或Z值。而在统计量部分，检验值下的括号内值为相应的P值。Rho值下的括号内的值为卡方值。使用的空间权重矩阵为0-1邻接矩阵，如果两地区相邻时设置为1，两地区不相邻时设置为0。列（1）至列（5）使用的是Han-Philips（2010）线性动态面板估计方法。列（6）至列（7）使用的是系统GMM的估计方法（Blundell和Bond，1998）。

资料来源：笔者自制。

在表5-3中，先考察计量模型的相关性。只有列（2）的方差膨胀因子VIF值为14.838，大于10，其存在较强的多重共线性，而其他列的VIF值均小于10，因此多重共线性较弱。同时所有方程的F统计量与Wald统计量都显著，显示所有方程整体均具有较高的显著性，而从拟合优度值调整后的R^2值来看，其值相对较小，也意味着拟合回归曲线对观测值分布拟合得相对较差。

观察Global Moran MI、Geary GC、Getis-Ords GO三个空间相关变量，在列（1）、列（2）、列（3）中可发现Global Moran MI、Getis-Ords GO值均显著为负，反映各地区新产品销售收入比重具有显著的空间竞争效应。Hausman-LM统计量的检验值显示所有模型都应选择固定效应模型。

列（1）至列（7）均显示，被解释变量滞后一期的系数值具有较高的显著性水平，这一方面说明前期的新产品销售收入比对本期的新产品销售收入比具有较强的解释能力，同时这也说明历史因素的影响，以及前期值的趋势性因素。

各地区的本地市场需求占比对本地新产品销售收入占比具有正向效应，同时本地规模以上企业新产品开发经费支出比对本地创新产出占比具有较强推动作用，这与表 5-1、表 5-2 结论是一致的。

对企业技术开发的税收减免占比提升有利于新产品的销售收入占比增长，但其系数的 P 值较大、回归系数不显著。

同时从列（3）可观察到，本地在校大学生数占比对本地新产品销售收入占比增长具有正向促进作用，这也说明人力资本在创新过程中具有重要作用。因此动态计量并未改变静态空间面板计量的基本结论。

5.5.3.4 电子商务发展对各地区新产品销售收入相对份额的影响

20 世纪末以来蓬勃发展的电子商务将给我国各地区的创新投入带来何种影响，本章节对此进行了实证研究，计量结果见表 5-4。

表 5-4 电子商务发展对各地区新产品销售收入相对份额的影响

被解释变量：npsalesratio	(1)	(2)	(3)	(4)	(5)	(6)
解释变量	SDM	SDM	SAC	SAC	SEM	SEM
localdemanratio	1.3170*** (11.5977)	1.2885*** (12.6571)	1.3440*** (11.1596)	1.3585*** (11.2819)	1.3667*** (11.1624)	1.3536*** (11.2440)
purchasesoferatio	0.1664** (2.5219)	—	—	0.1377** (2.1447)	0.1251* (1.9360)	—
saleseratio	—	0.2195*** (3.2954)	0.1817** (2.4749)	—	—	0.1689** (2.3630)
w1x_localdemadratio	-0.1354*** (-5.3133)	-0.1413*** (-5.0482)	—	—	—	—
w1x_purchasesofetatio	0.0538* (1.6536)	—	—	—	—	—
w1x_saleseratio	—	0.0963** (2.4011)	—	—	—	—
Rho	0.0767*** (3.9318)	0.0546** (2.3873)	0.0162 (1.2278)	0.0172 (1.3328)	—	—
Lambda	—	—	0.0772*** (4.3644)	0.0835*** (5.4460)	0.0941*** (5.9928)	0.0871*** (4.9272)

续表

被解释变量：npsalesratio	(1)	(2)	(3)	(4)	(5)	(6)
解释变量	SDM	SDM	SAC	SAC	SEM	SEM
Wald Test	284.9898 (0.0000)	417.2316 (0.0000)	436.3690 (0.0000)	411.0300 (0.0000)	362.5922 (0.0000)	387.7681 (0.0000)
F-Test	71.2475 (0.0000)	104.3079 (0.0000)	218.1845 (0.0000)	205.5150 (0.0000)	181.2961 (0.0000)	193.8840 (0.0000)
Adjusted R^2	0.5929	0.6933	0.7066	0.6926	0.6618	0.6785
N	124	124	124	124	124	124
T	2013~2016	2013~2016	2013~2016	2013~2016	2013~2016	2013~2016
误差形式	稳健误差	稳健误差	稳健误差	稳健误差	稳健误差	稳健误差

注：*、**、*** 分别代表 10%、5%、1%的显著性水平，被解释变量的系数部分（包括 Rho 与 Lambda），括号中是相应的 Z 值。Wald 检验与 F 值下括号内为相应的 P 值。使用的空间权重矩阵为 0-1 邻接矩阵。

资料来源：笔者自制。

在表 5-4 中，从列（1）至列（6）的计量分析结果可观察到本地市场规模扩张对新产品销售收入比重增加具有显著正向促进作用，本地区电子商务采购额、本地区电子商务销售额等电子商务市场规模扩张对本地区新产品销售收入比重增长同样具有正向推动作用，这说明电子商务的发展扩大了市场容量和市场规模，从而对新产品销售收入的增长形成正向激励。

而从列（1）、列（2）可得出其他地区的电子商务采购额、电子商务销售额等的比重提高也对本地区新产品销售收入增长具有较强推动作用，但其他地区的本地市场规模占比增加则对本地区新产品的销售收入比重增长具有负向作用。

与表 5-1、表 5-2、表 5-3 不同的是，表 5-4 中的空间自回归系数值为正，这一方面可能是因时间区间的改变，另一方面则可能是在解释变量中加入了电子商务市场规模，而周边地区的电子商务市场规模发展对本地区新产品销售收入的增长具有正向空间外溢效应。

5.5.3.5 市场规模因素对新产品销售收入绝对额的影响

在表 5-1、表 5-2、表 5-3、表 5-4 中，其所用到各个值均为比重指标，为对上述计量结果进行佐证，本节进一步探究其各个影响因素对各地区规模以上企业新产品销售收入绝对量的影响程度，计量结果见表 5-5。

表 5-5 2011~2016 年各地区规模以上企业新产品销售收入绝对额的计量分析

被解释变量：npsales	(1)	(2)	(3)	(4)	(5)
解释变量	SLM+FE	SLM+FE	SAR+FE	OLS+FE	SLM+WEM
w1y_npsales	—	—	0.0178 (0.8192)	—	—
localdemand	3770.0474*** (4.4572)	998.4011 (1.2425)	845.1618* (1.7033)	1056.4215** (2.5266)	998.4011*** (10.5572)
npfunding	—	9.9284*** (6.4828)	10.1947*** (8.4737)	10.0190*** (8.2796)	9.9284*** (29.2918)
w1x_localdemand	-178.7445 (-1.2477)	-89.8646 (-0.5708)	—	—	-89.8646*** (-3.9999)
w1x_npfunding	—	0.6554 (1.1683)	—	—	0.6554*** (6.3461)
Rho	—	—	0.0178 (0.671)	—	—
Global Moran MI	0.2631 (0.0000)	-0.1424 (0.0035)	-0.1471 (0.0026)	-0.0213 (0.7351)	-0.1424 (0.0035)
Geary GC	0.8181 (0.0095)	1.1442 (0.2110)	1.2001 (0.0833)	1.0898 (0.4514)	1.1442 (0.2110)
Getis-Ords GO	-1.1712 (0.0000)	0.6337 (0.0035)	0.6546 (0.0026)	0.0946 (0.7351)	0.6337 (0.0035)
LM-Lag (Robust)	0.0000 (0.9998)	0.0000 (0.9995)	633.7396 (0.0000)	0.0005 (0.9819)	0.0000 (0.9995)
LMSAC (LMErr+LMLag_R)	27.7377 (0.0000)	7.9443 (0.0188)	642.3119 (0.0000)	0.1815 (0.9133)	7.9443 (0.0188)
Wald Test	38.0500 (0.0000)	120.9386 (0.0000)	116.9661 (0.0000)	3083.2293 (0.0000)	9836.9846 (0.0000)
F-Test	19.0250 (0.0000)	30.2346 (0.0000)	38.9887 (0.0000)	1541.6147 (0.0000)	2459.2462 (0.0000)
Adjusted R^2	0.7187	0.9430	0.9393	0.9323	0.8868

续表

被解释变量：npsales	(1)	(2)	(3)	(4)	(5)
N	186	186	186	186	186
T	2011~2016	2011~2016	2011~2016	2011~2016	2011~2016
解释变量	SLM+FE	SLM+FE	SAR+FE	OLS+FE	SLM+WEM
误差形式	稳健误差	稳健误差	稳健误差	稳健误差	稳健误差

注：*、**、*** 分别代表 10%、5%、1%的显著性水平。被解释变量的系数部分，括号中是相应的 T 值，而在统计量部分，括号内为相应的 P 值。Rho 值下括号内为相应的卡方值。Hausman 值下括号内是相应的 P 值。"w1y" 代表其他地区的被解释变量对本地区被解释变量的影响，"w1x" 代表其他地区的解释变量对本地区被解释变量的影响。使用的地理空间权重矩阵为 0-1 邻接矩阵。列（5）使用的是组间估计方法，与列（3）相比其系数的显著性有所改变。

资料来源：笔者自制。

在表 5-5 中，各个地区的新产品开发经费支出对本地区新产品销售收入具有正向促进作用，同时其他地区的新产品开发经费支出对本地区新产品销售收入也具有正向推动作用。本地市场规模扩张对新产品销售收入具有正向促进作用，但其他地区的本地市场规模对本地区的新产品销售收入具有负向作用，这一结果与表 5-2，表 5-3 中的结论相一致。

5.5.3.6 电子商务市场发展对新产品销售收入绝对额的影响

信息技术的发展能否使得新产品销售脱离本地市场规模的约束，本节进一步分析空间计量电子商务市场发展对各地区新产品销售收入绝对额的影响。主要结果见表 5-6。

表 5-6 2013~2016 年电子商务发展对新产品销售收入的影响

被解释变量：npsales	(1)	(2)	(3)	(4)	(5)	(6)
解释变量	SDM	SDM	SAC	SAC	SEM	SEM
localdemand	3452.3260*** (15.4671)	2950.6724*** (10.7925)	3083.3376*** (10.3259)	3437.1274*** (14.8332)	3107.5891*** (10.1848)	3431.9715*** (14.9598)
purchasesofe	—	4506.5473** (2.5422)	3494.6495** (2.0448)	—	3197.9933* (1.8569)	—
salese	25.0803 (0.0682)	—	—	41.5033 (0.1186)	—	28.9785 (0.0829)

续表

被解释变量：npsales	(1)	(2)	(3)	(4)	(5)	(6)
解释变量：	SDM	SDM	SAC	SAC	SEM	SEM
Wlx_localdemand	-353.6459*** (-6.3906)	-312.2250*** (-4.9201)	—	—	—	—
w1x_purchasesofe	—	1689.5743** (2.0271)	—	—	—	—
w1x_salese	131.5358 (1.5283)	—	—	—	—	—
Rho	0.1013*** (6.0968)	0.0674*** (3.4311)	0.0164 (1.2628)	0.0076 (0.4804)	—	—
Lambda	—	—	0.0802*** (5.0132)	0.0953*** (6.0292)	0.0904*** (5.4745)	0.0991*** (6.3574)
Wald Test	176.3895 (0.0000)	332.6816 (0.0000)	422.3650 (0.0000)	326.1575 (0.0000)	376.1522 (0.0000)	308.7538 (0.0000)
F-Test	44.0974 (0.0000)	83.1704 (0.0000)	211.1825 (0.0000)	163.0787 (0.0000)	188.0761 (0.0000)	154.3769 (0.0000)
Adjusted R^2	0.4432	0.6359	0.6990	0.6342	0.6710	0.6194
N	124	124	124	124	124	124
T	2013~2016	2013~2016	2013~2016	2013~2016	2013~2016	2013~2016
误差形式	稳健误差	稳健误差	稳健误差	稳健误差	稳健误差	稳健误差

注：*、**、*** 分别代表 10%、5%、1%的显著性水平。被解释变量的系数部分，括号中是相应的 Z 值，Rho 值及 Lambda 值下面括号内的值均为 Z 值，Wald 检验和 F 检验值下的括号内的值为相应的 P 值。

资料来源：笔者自制。

在表 5-6 中，列（1）至列（6）显示各地区本地市场规模越大，则越能促进新产品销售收入的增长，同时本地区电子商务采购额、本地区电子商务销售额的规模扩张也对新产品销售收入绝对额增长具有正向推动作用。

与相对比例值的计量结果类似，周边地区市场规模扩张对本地区新产品销售收入绝对额增长具有负向效应，而其他地区电子商务市场规模扩张则对本地区新产品销售收入绝对额增长具有正向外溢效应。因此，电子商务发展能够让新产品销售脱离本地市场的桎梏，突破时空限制，增加新产品销售的市场容量。因此，欠发达地区可通过电子商务平台突破原有市场狭小的障碍，在更大的市场范围内获得更多的销售收入。现实中公平透明的电子商务平台、众筹平台等对于我国广大在中西部地区、欠发达地区的创新创业活动具有特别重要的意义。

5.6 稳健性与内生性探讨

在前文的分析中，首先，本章采用 2000~2010 年大中型企业数据进行计量检验，同时也采用我国 2011~2016 年各地区规模以上企业的数据进行计量检验，其所得的结论基本一致。其次，本章不仅使用了静态空间面板数据进行计量检验，同时也采用动态面板数据进行计量检验，所得的结论大体相同。再次，本章对各地区新产品销售收入的相对份额、新产品销售收入的绝对额等两种类别指标分别进行了计量检验。最后，本章针对不同统计口径的样本与不同统计时间段的样本进行计量检验，所得结果基本一致，而不同部分则已经有所解释。

在内生性的克服方面，本章主要采用系统 GMM 等方法予以克服，同时采用固定效应模型排除个体特征因素。在遗漏变量方面，本章已对影响创新产出（新产品销售收入）的诸多因素进行了计量检验。

为使得结果更具有可靠性，本章继续采用各地区规模以上企业的专利申请数进一步进行计量佐证，计量结果如下：

5.6.1 市场规模对各地区专利产出占比的影响

依据前文的计量假定，本章在此探讨本地市场规模占比（*localdemanratio*）、各地区企业 R&D 经费内部支出占比（*r&dexpendration*）、各地区新产品开发经费支出占比（*npfundingratio*）等对规模以上企业专利申请数占比（*patentratio*）的影响，主要计量结果见表 5-7。

表 5-7 市场规模等因素对各地区规模以上企业专利申请数占比的影响分析

被解释变量：Patentratio	(1)	(2)	(3)	(4)	(5)	(6)
解释变量	SAR+FE	SAR+FE	SLM+FE	SLM+FE	SLM+FE	SLM+FE
L. patentrratio	-0. 1811 (-0. 2914)	-0. 0432 (-0. 0730)	0. 1808 (0. 2986)	0. 2763 (0. 4452)	—	—
w1y_patentratio	-0. 1600*** (-3. 5062)	-0. 1796*** (-4. 1082)	—	—	—	—
localdemanratio	0. 3500 (1. 2781)	0. 4998*** (2. 6216)	0. 1831 (0. 5970)	0. 3276 (1. 4474)	0. 0517 (1. 2116)	0. 3701*** (10. 0719)
R&D expendration	0. 5656** (2. 1447)	—	0. 5184* (1. 8448)	—	0. 5830*** (22. 8682)	—
npfundingratio	—	0. 3405*** (4. 0357)	—	0. 2548*** (2. 9568)	—	0. 2153*** (10. 4030)
numwebsitesratio	0. 1020* (1. 7557)	0. 1314** (2. 4617)	0. 0351 (0. 5639)	0. 0305 (0. 5137)	0. 0729*** (5. 7361)	0. 0941*** (7. 3560)
w1x_localdemanratio	—	—	-0. 1728 (-1. 4986)	-0. 1183 (-1. 3163)	-0. 0930*** (-9. 1179)	-0. 0360*** (-4. 0218)
w1x_R&D expendratio	—	—	0. 1839 (1. 6367)	—	0. 1566*** (16. 0298)	—
w1x_npfundingratio	—	—	—	0. 0772* (1. 8538)	—	0. 0750*** (9. 3801)
w1x_numwebsitesratio	—	—	0. 0828** (2. 2107)	0. 0556 (1. 5308)	0. 0725*** (8. 3427)	0. 0550*** (6. 5005)
Rho	-0. 1600*** (12. 293)	-0. 1796*** (16. 877)	—	—	—	—
GlobalMoranMI	-0. 1546 (0. 0016)	-0. 1688 (0. 0006)	-0. 1515 (0. 0020)	-0. 1682 (0. 0007)	-0. 1228 (0. 0139)	-0. 1629 (0. 0010)
GearyGC	1. 1240 (0. 2394)	1. 1444 (0. 1079)	1. 1195 (0. 2512)	1. 1617 (0. 0625)	1. 0924 (0. 3054)	1. 1601 (0. 0471)
Getis-OrdsGO	0. 6881 (0. 0016)	0. 7515 (0. 0006)	0. 6743 (0. 0020)	0. 7487 (0. 0007)	0. 5468 (0. 0139)	0. 7252 (0. 0010)
LM-Lag (Robust)	6. 7724 (0. 0093)	13. 0517 (0. 0003)	0. 4707 (0. 4927)	0. 7478 (0. 3872)	0. 1693 (0. 6807)	0. 2831 (0. 5947)

续表

被解释变量：Patentratio	(1)	(2)	(3)	(4)	(5)	(6)
解释变量	SAR+FE	SAR+FE	SLM+FE	SLM+FE	SLM+FE	SLM+FE
LMSAC (LMErr+LMLag_R)	16.0364 (0.0003)	24.1001 (0.0000)	9.1711 (0.0102)	11.4714 (0.0032)	5.9533 (0.0510)	10.4579 (0.0054)
Wald Test	40.1640 (0.0000)	43.3210 (0.0000)	15.7901 (0.0271)	23.7801 (0.0012)	10489.0276 (0.0000)	5504.4382 (0.0000)
F-Test	8.0328 (0.0000)	8.6642 (0.0000)	2.2557 (0.0332)	3.3972 (0.0022)	1748.1713 (0.0000)	917.4064 (0.0000)
Adjusted R^2	0.1635	0.1753	0.0503	0.0877	0.6437	0.5696
VIF	7.1526	5.3966	7.1526	5.3966	—	—
Hausman-LM 检验	54.47262 (0.0000)	546.22176 (0.0000)	45.49620 (0.0000)	399.2062 (0.0000)	—	—
N	186	186	186	186	186	186
T	2011~2016	2011~2016	2011~2016	2011~2016	2011~2016	2011~2016
误差形式	稳健误差	稳健误差	稳健误差	稳健误差	稳健误差	稳健误差

注：*、**、*** 分别代表 10%、5%、1%的显著性水平，被解释变量的系数部分，括号中是相应的 T 值或 Z 值。而在统计量部分，检验值下括号内的值为相应的 P 值。Rho 值下的括号内的值为卡方值。使用的空间权重矩阵为 0-1 邻接矩阵。“w1y_patentratio”代表其他地区的 patentratio 对本地区 patentratio 的影响。标志“w1x”代表其他地区的解释变量对本地区 patentratio 的影响。列（1）至列（4）使用的是 Han-Philips（2010）的线性方程动态面板估计方法，而列（5）、列（6）使用的是组间估计方法。

资料来源：笔者自制。

在表 5-7 中，列（1）至列（6）表明各地区本地市场规模占比对各地区规模以上企业的专利申请数占比具有正向促进作用，而各地区的 R&D 经费内部支出占比对各地区的专利申请数占比同样具有正向推动作用。

同时各地区的新产品开发经费支出占比同样对各地区规模以上企业的专利申请数占比具有正向推动作用。而互联网发展水平的指标值之一——互联网网站数量占比（*numwebsitsratio*）对各地区规模以上企业的专利申请数占比也具有正向促进作用。

其他地区的市场规模扩张对本地区规模以上企业专利申请占比则产生负向效应，同时其他地区 R&D 经费内部支出占比、新产品开发经费支出占比、互联网发展均对本地区规模以上企业专利申请数占比具有正向促进作用。

这表明：就各地区规模以上企业专利申请数的占比而言，各地区的 R&D 经费内部支出占比、新产品开发经费支出占比均具有正向外溢效应，这一方面可能是因为各地区规模以上地区企业之间相互学习、相互借鉴、相互激励；另一方面，研发活动本身具有知识的空间外溢，而互联网发展推动了知识更广泛、更深度的传播，这些都产生了正向外溢。

5.6.2 互联网发展对各地区规模以上企业专利产出绝对量的影响

各地区规模以上企业专利申请绝对数量是否跟各地区规模以上企业专利申请（*patent*）占全国的比重趋势有所不同，本章继续计量各地区本地市场规模、创新投入、互联网发展水平等因素对各地区规模以上企业专利申请数的影响程度及其空间关联的影响，空间计量的结果见表 5-8。

表 5-8　2011～2016 年互联网发展对各地区规模以上企业专利申请数的影响分析

被解释变量：patent	(1)	(2)	(3)	(4)	(5)	(6)	(7)
解释变量	SAR+FE	SAR+FE	SAR+FE	SDM	SAC	SEM	SDM
patent 滞后一期	1.1254** (2.2114)	0.7790 (1.0978)	0.7818 (1.1099)	—	—	—	—
w1y_patent	-0.0364* (-1.7328)	-0.0243 (-1.2200)	-0.0219 (-1.0904)	—	—	—	—
localdemand	0.5457*** (7.7524)	0.0870 (0.5299)	0.0959 (0.6062)	—	—	—	—
R&D fulltime	0.0147 (0.3946)	—	—	—	—	—	—
R&D expend	—	—	—	0.0063*** (10.2012)	0.0063*** (9.6156)	0.0065*** (10.6782)	—
npfunding	—	0.0034*** (7.3957)	0.0035*** (7.4811)	—	—	—	0.0060*** (21.9323)
numinterusers	—	0.4377*** (3.0851)	—	—	—	—	—
numwebsites	—	—	0.4289*** (3.1805)	242.4092** (2.5511)	243.4599** (2.4837)	224.7968** (2.3756)	101.6629* (1.8956)

续表

被解释变量：patent	(1)	(2)	(3)	(4)	(5)	(6)	(7)
解释变量	SAR+FE	SAR+FE	SAR+FE	SDM	SAC	SEM	SDM
w1x_R&D expend	—	—	—	0.0001 (0.3235)	—	—	—
w1x_npfunding	—	—	—	—	—	—	0.0003 (1.2324)
w1x_numwebsites	—	—	—	26.9745 (0.4292)	—	—	38.3549 (0.8417)
Rho	-0.0364* (3.003)	-0.0243 (1.488)	-0.0219 (1.189)	-0.0033 (-0.1480)	0.0184 (1.5455)	—	-0.0336 (-1.3367)
Global Moran MI	0.0973 (0.0290)	-0.0940 (0.0644)	-0.1181 (0.0184)	—	—	—	—
GearyGC	0.9932 (0.9522)	1.0968 (0.2535)	1.1065 (0.2220)	—	—	—	—
Getis-OrdsGO	-0.4331 (0.0290)	0.4184 (0.0644)	0.5259 (0.0184)	—	—	—	—
LM-Lag (Robust)	9.7419 (0.0018)	5.1832 (0.0228)	8.2730 (0.0040)	—	—	—	—
LMSAC (LMErr+LMLag_R)	13.4528 (0.0012)	8.6085 (0.0135)	13.6839 (0.0011)	—	—	—	—
Lambda	—	—	—	—	-0.0232 (-0.8156)	-0.0038 (-0.1819)	—
Wald Test	67.6000 (0.0000)	86.5379 (0.0000)	87.6266 (0.0000)	1210.7504 (0.0000)	1155.2897 (0.0000)	1202.1042 (0.0000)	1772.5538 (0.0000)
F-Test	16.9000 (0.0000)	17.3076 (0.0000)	17.5253 (0.0000)	302.6876 (0.0000)	577.6448 (0.0000)	601.0521 (0.0000)	443.1385 (0.0000)
Adjusted R^2	0.2588	0.3085	0.3113	0.8407	0.8347	0.8402	0.8865
VIF	4.8195	11.7754	5.4016	—	—	—	—
Hausman-LM 检验	177.8808 (0.0000)	54.0930 (0.0000)	18.0343 (0.0012)	—	—	—	—
N	186	186	186	186	186	186	186
T	2011~2016	2011~2016	2011~2016	2011~2016	2011~2016	2011~2016	2011~2016

续表

被解释变量：patent	(1)	(2)	(3)	(4)	(5)	(6)	(7)
解释变量	SAR+FE	SAR+FE	SAR+FE	SDM	SAC	SEM	SDM
误差形式	稳健误差	稳健误差	稳健误差	稳健误差	稳健误差	稳健误差	稳健误差

注：*、**、*** 分别代表 10%、5%、1%的显著性水平。被解释变量的系数部分，括号中是相应的 Z 值，而在统计量部分，括号内的值为相应的 P 值，列（1）至列（3）的 Rho 值下括号内的值为相应的卡方值，而列（4）至列（7）的是 Z 值。Hausman 值下面的括号内的值是相应的 P 值。两地区相邻设置为 1，两地区不相邻设置为 0。"w1y_patent" 表示其他地区 panent 对本地区 patent 的影响，标记 "w1x" 代表其他地区解释变量值对本地区的 patent 的影响。列（1）至列（3）使用的是 Han-Philips（2010）的线性方程动态面板估计方法，列（4）至列（7）均使用极大似然函数估计法。

资料来源：笔者自制。

在表 5-8 中，列（1）至列（3）的计量结果均显示本地的市场规模（*localdemand*）发展有助于各地区专利产出。同时各地区创新投入——无论是各地区规模以上企业的 R&D 人员折合全时当量（*r&dfulltime*）的提升，还是 R&D 经费内部支出（*r&dexpend*）的增长，抑或是新产品开发经费支出（*npfunding*）等的增加，均对各地区规模以上企业的专利产出产生正向激励作用。互联网的发展——无论是互联网上网人数（*numinterusers*）增长，还是互联网网站数（*numwebsites*）增加均对各地区规模以上企业的专利产出具有正向促进作用。比较列（1）、列（2）、列（3）可得互联网因素的加入使得本地市场规模因素的作用减弱（相对于各地区的专利产出而言）。

分析解释变量之间的空间交互项，在本书中主要考察其他地区的研发投入、互联网发展等因素的影响。从表 5-8 可知，其他地区规模以上企业的研发投入——无论是 R&D 经费内部支出，还是新产品开发经费支出均对本地规模以上企业的专利产出具有正向外溢作用，同时各地区的互联网发展——互联网网站数量增加也将对本地区的专利产出产生正向推动作用。表 5-8 的结论与表 5-7 的结论基本一致；前人的一些研究如 Kleis 等（2012）也得到类似结论：信息技术（ICT）的投资可以增加专利产出。

5.7 本章结论

本章通过将过程创新（新技术选择）、产品创新内置于异质性企业的空间经济学模型，认为过程创新是形成南北生产率差异之因，而产品创新则将导致南北产品多样性的差异，并以空间竞争、市场规模、知识溢出等刻画我国创新产出区域差异的形成过程，得出人口规模越大、区际贸易壁垒越小将越有利于人工智能等新技术的推广使用，而处于大市场地区的企业更偏好于新产品研发。同时以 SAR、SAC、SLM 等静态空间面板模型与动态空间面板模型对我国31 个省份 2000~2016 年数据进行计量分析得出，各地区的创新产出存在显著的空间竞争效应，各地区人力资本素质、研发投入，互联网与电子商务发展对其他地区创新产出具有显著的正向空间溢出效应。而各地区的创新投入能否带来正向空间溢出则取决于各地区是争夺本地市场还是争夺产品市场，即当对外贸易增长慢于国内经济增长时，各地区倾向于竞夺本地市场，各地区的研发投入具有负向空间溢出效应，反之则亦然。同时本章与第 4 章中人力资本因素对创新投入具有负向效应的计量结果有所不同，本章中的人力资本素质对创新产出具有正向外溢效应，这是因劳动力及人才流动带来新知识、新产品，推动创新产出增长。

简而言之，本章的政策含义是在推动创新发展过程中，不能仅强调我国本地市场规模优势，更需注重经济市场化改革，培育公平竞争的市场环境，以发展新一代信息技术、新一代人工智能，并以扩大开放和“一带一路”倡议推动我国高质量增长。更具体地，本章的主要观点如下：

第一，科技创新需要大市场。大市场地区的居民收入增长能够支撑更高效率的科技创新，对于仍未跨越“中等收入陷阱”的我国，则更应强化自身制造中心地位以及基于制造能力的世界科技中心建设，科技创新理应要同生产制造中心紧密结合。如美国政府禁止对我国出口高科技产品及出让敏感技术，这加大了我国获取国外先进技术的难度，但由于我国具有庞大的市场规模以及丰富的技术应用场景，有利于我国开展自主创新，加速我国从世界制造中心向世界科技中心迈进。

第二，克鲁格曼“本地市场效应”的概念简而言之是消费得越多，继而会生产得越多，这将导致产品出口得越多。同时这也是数理模型等式的左端到右端的一种表达，另一种表述可能是生产得越多，才能消费得越多，也才能出口得越多，因而这是“蛋生鸡，还是鸡生蛋”问题的循环。同时本地市场规模的概念在互联网、信息化技术发展的前提下需要进一步地拓展。互联网发展扩大了本地市场的范围，增强了企业的市场覆盖面，扩大了企业与个体服务市场的半径，扩大了企业规模，更好地发挥规模经济作用。

第三，对外贸易是影响新产品销售收入与专利产出的重要因素，因此我国需要进一步扩大对外开放，与世界建立更紧密的联系。在中美贸易战中，一方面，我国可适度妥协与让步，在“对等、平等、诚信”等基础上与美国达成新的贸易协议；另一方面，要以“一带一路”建设为平台，推动我国优质产能与中国制造的出口，这一方面既有利于我国优质产能的释放，同时也有助于加强一带一路沿线国家的基础设施建设，拉近我国与“一带一路”沿线国家的经济距离。建设更高水平的互联互通网络（信息网络、交通网络等），以有利于我国与各个国家的经济合作及经济成长。

第四，新一代信息技术正在蓬勃发展，新一代信息技术革命必然催生新一轮产业革命，塑造新的经济地理空间格局，并推动新知识更快地传播与知识溢出，如电子商务市场发展既能提高各地创新产出的增长，又能推动其他地区的新产品销售收入增长，同时互联网发展也能推动本地及周边地区专利产出的增长。因此互联网、电子商务等“互联网+”经济形态的发展可能缩小地区经济发展差异。

第❻章 结论及启示

6.1 主要结论

我国人口多、地域广，创新中心不应只有“北上广深”等东部城市，中西部区域也应有创新中心，但不同区域的地理毗邻既可能带来知识溢出等正外部效应，也可能带来空间竞争等负外部效应。因此本书首先论证随着研发人员增长及旧创新中心拥塞效应显现，新创新中心将崛起；其次从创新投入与创新产出两方面研究地理空间毗邻所带来的影响，论证政府税收、创新补贴、市场规模等因素将改变创新地理格局。在技术层面则通过构建三个空间经济学理论模型，分别研究各地区创新型人才的内生增长与迁移、公共部门（地方政府）的异质化税率对创新地理的影响、异质性企业的新技术与新产品开发的选择决策。同时进行向量自回归与格兰杰因果分析及静态空间面板计量、动态空间面板计量、分位数计量等检验，得出以下结论：

第一，在创新要素增长及旧创新中心产生拥塞效应情形下，新的创新中心必然会涌现，但从创新投入地区差异的缩小到创新产出地区差异的缩小存在较长时滞。在本书构建的两区域空间竞争模型中，通过论证创新要素的增长与地区配置等对两地区的生产份额、消费支出份额的影响，发现各地区创新人才的内生增长与迁移是影响地区创新差异的重要因素，而各地区对创新研发的投入将影响生产效率。而以基尼系数来刻画我国创新产出的不平等，则发现我国人均专利授权的地区基尼系数呈倒“U”型变动趋势。同时以向量自回归及格兰杰因果分析则发现，人均 GDP 地区基尼系数是人均创新投入地区基尼系数的格兰杰之因，人均创新投入地区基尼系数又是人均创新产出地区基尼系数之因，人均 GDP 地区基尼系数与人均创新产出地区基尼系数之间互为格兰杰因果。而从创新投入到创新产出存在五年时滞。

第二，市场力量、政府力量、互联网等技术力量将改变创新地理格局，且产生显著的空间外溢效应，同时大市场地区企业更偏好产品创新。更具体地，在知识溢出具有本地化效应，创新与经济增长之间具有时滞效应、创新知识跨期溢出效应等情形下，中央与地方政府的行为目标将出现不一致，各地方为最大化本地利益与当期利益，都竞相从中央政府争取科技研发资源，地区之间的竞争效应显著。而各地方政府对企业征税及对创新部门进行补贴将改变创新的地理空间格局。通过采用面板数据等多种空间计量方法，分别构造以地理距离为基础的空间权重矩阵和以地理空间毗邻为基础的空间权重矩阵。在各地区以一般性公共预算收入比重作为各地区政府财政收入水平的衡量，采用 SAR、SAC、SDM 等多种空间计量检验方法进行实证研究，结果发现，各地区财政收入水平变量对各地区创新投入变量（R&D 经费内部支出比重与 R&D 人员全时当量比重）具有显著的空间竞争效应。进一步的检验则表明，各地区的人力资本素质、进出口总量水平、最终消费市场规模大小、交通便利状况、互联网发展水平都将推动本地区的创新投入增长。同时其他地区的人力资本素质、最终消费市场规模大小等因素则对本地的创新投入形成挤压，造成本地创新投入的相对减少。在以各地区规模以上企业的创新投入——各地区规模以上企业 R&D 经费内部支出占比、新产品开发经费支出占比、技术获取与技术改造经费支出占比等分别进行稳健计量检验，从这些空间计量中所获得的结论与以地区总体创新投入为被解释变量的计量结果所获得的结论基本一致。在以下几方面具有差异性：各地区对企业的税收减免是存在正向空间外溢效应的，这也说明各地区的地方政府针对企业技术开发等税收减免存在政策竞争，但政策竞争则根源于各地方政府均希望吸引到优质企业的投资、培育出优质企业，这继而推动各地区规模以上企业做更大的创新研发投入。同时出口市场规模扩张、互联网发展将促使企业倾向于新产品开发，但未对各地区规模以上企业在技术获取与技术改造方面的投入形成正向激励，而且更大的本地市场规模也正向激励各地区的企业在新产品上进行研发投入，以满足大市场地区多样的产品偏好需求，而小市场地区的企业则相对减少在新产品开发经费方面的支出，转向流程创新，进行技术引进与技术改造。

第三，在创新产出视角下，各地区企业在流程创新与产品创新之间存在权衡，创新投入能否产生正向空间溢出则有条件性，而电子商务与互联网均提升本地及周边地区创新产出。具体而言，本书首先在异质性企业框架内探讨企业的新技术选择，市场规模等因素对于流程创新与产品创新选择的影响等问题。然后采用静态空间面板模型与动态空间面板模型分别以各地区企业的新产品销售收入、专利产出为被解释变量进行计量检验，其研究主要发现如下：

其一，2000~2010 年大中型企业的空间计量结果与 2011~2015 年规模以上企业的计量结果存在一定差异。在 2000~2010 年，本地市场需求的影响不显著，但在 2011~2015 年，本地市场需求的影响显著，且对其他地区的新产品销售收入增长产生负向效应。产品销售规模在两个时期均对本地新产品销售收入具有显著的正向影响。同时人力资本素质提高也对新产品销售收入的增长具有正向推动作用，且对其他地区产生正向外溢效应。而创新投入能否带来空间溢出则取决于各地区是争夺本地市场需求还是争夺产品市场需求。如果各地区都集中精力争取产品市场（如推动产品出口），那么创新投入也存在竞争效应；但如果出口不彰显，各地区竞相争取各地的本地需求市场，此时因产品流动间接带来创新投入的空间外溢效应。换言之，如果建立国内统一市场，降低生产要素与产品流动成本，那么劳动力流动和产品流动将带来创新的空间外溢，也即自由贸易可以加快新技术、新知识的传播。

其二，动态回归计量还表明，对企业技术开发的税收减免将有助于新产品销售收入增长，而 2013~2016 年的空间计量结果表明，各地区的电子商务发展不仅能推动本地新产品销售收入增长，同时还将带动其他地区的新产品销售收入增长。

其三，采用专利数据进行计量检验则表明 2011~2016 年本地市场规模对各地区规模以上企业的专利产出同样具有正向促进作用，创新投入（R&D 人员折合全时当量、R&D 经费内部支出、新产品开发经费支出等）的增加将对各地区规模以上企业的专利产出具有正向激励作用。同时互联网的发展既能推动本地区企业的专利产出，同时也能推动其他地区企业的专利产出，具有正向空间溢出效应。

因而，总体上影响地区创新投入与创新产出差异的几大因素主要是市场规模、开放水平、政府财税、互联网、人才增长与迁移。同时从国际视角观察，近 40 多年来，特别是随着中国等新兴经济体的崛起，新经济中心与创新中心的形成，全球经济在地区间的布局更为均衡。如 2000 年，美国的经济份额占据世界经济的 30.7%，而在 2016 年则降低为 24.5%，世界经济正在去中心①。

---

① 宁吉喆．国际统计年鉴（2017）［M］．北京：中国统计出版社，2018.

又如我国深圳地区取得飞跃式发展，截至 2016 年底，深圳累计有 69347 件 PCT 专利。在全球创新能力活跃的城市当中，深圳居第二名，落后于日本东京，领先于美国硅谷①，全球新的科技创新中心正在赶超。Branstetter 等（2018）的研究也表明，全球 R&D 的地理集中度越来越低，主因是新兴市场国家的 R&D 增长迅速。毕马威发布的 2018 年度《全球科技创新报告》也显示，尽管美国仍是技术创新中心，但世界其他地区正在崛起，800 位科技行业高管中有 26%的人认为，中国将引领技术创新。在城市创新方面，认为上海已超越东京、伦敦、纽约，排在硅谷与旧金山之后。因此，无论从何种角度进行评价，世界技术创新中心都在缓慢转移中，新的技术创新中心将崛起。这与莫伊塞斯·纳伊姆（2013）的“数量化革命引发中心衰退”的观点相似，人口增长也必将带来新的增长中心。由于各地区的人口增长率不同，这将会产生新中心，而知识创新是比制造更局部化与地方化的经济行为，所以在我国广阔的国土空间上应有多个创新中心，而多个创新中心的构建则可以缩小我国区域创新整体差异。但无论是我国改革开放初期的地区不平衡发展战略，还是党的十九大报告中的区域协调发展战略的初衷，都是为了让更多的人过上更加美好的幸福生活。

6.2 相关启示

从本书的研究结论出发，主要获得以下启示：

第一，创新具有时滞性。当期的创新投入不必然带来创新成果，而创新成果也不必然带来当期生产力的提升。创新既是一个解决问题的过程，同时也是一个试错过程，创新在更大意义上是为未来技术、战略与方法提供备选项，创新也可能会失败。但失败的创新也为后来者提供经验和参考价值。例如，赖特兄弟在 1903 年制造出当时世界上第一架依靠自身动力进行载人的“飞行者”1 号飞行器，并且在美国北卡罗来纳州基蒂霍克海滩上空获得试飞成功。但在赖特兄弟之前，许多发明家已试验各种各样的飞行器，一些发明家甚至付出生

① 张孔娟．深圳先进院积极布局全球专利 PCT 及国外专利增长迅速［EB/OL］．中国经济时报，http：//jjsb.cet.com.cn/show_499331.html，2018-05-03.

命的代价，如德国著名的航空界先驱奥托—利林塔尔驾驶自己制造的飞行器坠毁身亡。又如，我国制造的第三代核电技术华龙 1 号就吸取三哩岛、切尔诺贝利、福岛等核电站的核事故教训，并在设计与制造的源头提升核电设备的安全性与可靠性。

第二，创新具有空间溢出效应，因而这启示人们在创新过程中应当有合作。竞争性体现为“科技创新大潮澎湃，千帆竞发勇进者胜”。而创新外溢性体现为创新成果难以完全内部化，虽然知识产权法保护部分知识产权，但无法将新创造、新发现知识的收益完全内部化。首先，知识产权法保护的是具备市场价值部分的知识，但并不是所有的知识都具备市场价值；其次，知识产权保护法规则下的专利公开也启发其他同行竞争者的思路，获得新的创造灵感，这也是一种知识溢出；最后，公司的商业秘密随着员工的离职或多或少地得到扩散。因而知识流动在空间上总是存在的，只是知识溢出随着空间距离增加而有强弱之分。况且现代大科学、大工程需要多个学科知识及众多科学工作者的协作才能完成，依靠一个人的知识架构在有生之年往往难以完成。例如我国航天事业，是历代众多科学家的智慧结晶，这里面将包括卫星、火箭、飞船、航天发动机、材料、光学、测绘等众多科学学科知识，需要各领域、各地区科学家的通力合作才能完成。

第三，创新要有稳定的外部环境，而政府行为将影响企业家的创新预期、投资与生产的稳定性。因此，政府的创新就必须打破制度的障碍和藩篱，为创新创业者塑造良好的创新创业环境。政府应尊重科学家、企业家、辛勤劳动者的首创，要保护好知识产权。由于我国的知识产权保护是中央颁布法令，而执法的是各级地方法院。因此在地方竞争过程中，就会存在各地区执法部门在知识产权保护执法过程中的尺度不一，也可能存在知识产权保护过程中的地方保护主义。因此需要设立全国统一的、专门的知识产权法院来消除地方政府的执法差异。而我国已在北京、上海、广州、深圳等地设立专门的知识产权法院，这是我国知识产权保护工作的一大进步。同时，民营企业是我国创新主体的重要组成部分，华为、阿里巴巴、腾讯、百度、京东等民营企业在我国数字经济创新发展过程中扮演着举足轻重的角色，2018 年，一些论调诸如“民营经济离场论”等，既不符合我国基本经济制度，也不符合我国经济发展的现实需要。因此，一视同仁地保护所有合法所得是政府对各类主体进行创新的最好激励。当然科技创新也应受法律、伦理制约，未经同行评议及正规渠道的伦理审查，如擅自进行的“基因编辑婴儿”项目则给人类未来带来不可预知的风险。

但政府管理与服务的总体方向应鼓励企业进行合法的自主创新，并给予权益保障。

6.3 政策建议

任何政策制定的前提都基于人们的价值观、价值理念与价值判断，而真正的价值观则是要有助于我国实现和谐与可持续性发展。联合国《2030 年可持续发展议程》的宗旨在于进一步消除一切形式的贫穷。而自改革开放以来，我国已为世界脱贫事业做出杰出贡献，但仍然是世界上最大的发展中国家，2017 年我国人均 GDP 未达美国人均 GDP 的 20%，同时依然有着庞大的贫困人口。此外我国的贫困线标准也相对较低。我国雄厚的国力基础、相对完备的工业与技术体系、最具潜力的庞大市场需求规模为打赢扶贫攻坚战提供强力支撑，但在包容与可持续性发展、进一步消除贫困、降低地区发展差异等方面需要走向更远。而从本书所探讨的影响创新投入与创新产出的六大因素——人才因素、市场规模、开放水平、财税行为、信息技术、基础设施及其所带来的空间关联效应出发，提出以下建议：

第一，人才与教育是创新的核心，因而需要加大对欠发达地区的教育支持与人才支持，这是缩小区域创新差异的重要方法。在本书的计量中，人力资本素质对本地区的创新投入具有正向推动作用，但对其他地区 R&D 经费投入的增加具有负向效应。而对于创新产出而言，则能带来正向溢出效应，这说明知识创造具有本地化特征，但创新成果具有空间外溢性，因此，欠发达地区的知识创造活动同样也能对发达地区的创新有所增益。而要缩小创新的区域差异，则要加大对欠发达地区的教育支持及智力支撑，提升教育质量，发展人人教育、职业教育与终身教育。教育是提升人力资本素质与创新能力的一种直接快捷方法，欠发达地区的教育质量差，高中普及率与大学生入学率均较低①，这进而导致劳动者的文化水平也相对较低，因此需要发展面向人人教育，加大对欠发达地区学前教育、职业教育与终身教育的支持，要进一步提高农民、工人

① 罗斯高．有 63%的农村孩子一天高中都没上过，怎么办？［EB/OL］．http：//www.sohu.com/a/195794623_167201，2017-09-30.

等劳动群体的人力资本素质及创新能力。尽管新知识、新技术存在空间外溢，但一些缄默知识往往具有本地化特征，具有特定时空属性，需要面对面的交流与传授。同时知识的空间溢出是要有知识溢出方与知识接受方两个行为主体，当知识接受方的基础知识难以承接知识溢出方的新知识，知识的空间溢出也不会产生。因此发展本地更高层次、更全面的教育，扩大受教育群体，并在政策层面给予劳动者必要的再教育与再学习补贴。

第二，开放性同样也影响了区域创新差异，因此，欠发达地区要进一步深化改革与开放，以“一带一路”为契机，更广泛、更深度地参与国际市场竞争。要大力推动欠发达地区的改革及提高开放水平，给予欠发达地区的制度改革先行权，降低欠发达地区的制度性成本。我国欠发达地区主要集中于中西部地区与东北地区，但因历史与区位性因素导致这些地区的对外开放不足，内部制度改革不充分，创新创业环境与营商环境改善依然有较大的提升空间。市场化的经济改革与对外开放，既是我国以往40多年经济改革实践的总结，也是应对2018年美国特朗普政府挑起的中美贸易战等复杂国内外环境的法宝，因党中央持续提倡扩大开放，导致外商对我国投资热度不减，如仅2018年1~8月，我国新设立外商投资企业就有4万多家，相较于2017年同期翻一番，我国吸收外资额5604.3亿元，同比增长2.3%。其中，美国企业对我国投资同比增长23.6%，“一带一路”沿线国家企业则对我国投资同比增长26.3%。因此，在我国40多年改革发展机遇期，欠发达地区要主动扩大对内与对外开放，进一步做好知识产权保护等工作。

第三，政府力量仍是影响创新地理格局的重要因素，因此对欠发达地区依然需要进行必要的财政支持，这在一定意义上是对欠发达地区区位劣势及落后基础设施的补偿。同时转移支付工具应审慎使用，要防止欠发达地区对转移支付产生依赖性。中央财政支持重点是欠发达地区的发展短板、必要的民生工程及有利于欠发达地区创新能力提高的项目，这将提高欠发达地区的“自我造血”能力，缩小地区经济发展差异。

第四，互联网、电子商务等不仅影响本地的创新投入、创新产出，而且还影响周边地区的创新投入及产出。因此要加大对欠发达地区新一代信息化投资与建设、新一代信息化基础设施与物流基础工程建设等，以“人工智能、互联网+教育”、“人工智能、互联网+金融”、“人工智能、互联网+农业”、电子商务等推动欠发达地区发展、打赢我国扶贫攻坚战。从区域整体来看，我国东、中、西、东北等地区间的数字化鸿沟依然存在，同时城乡之间的差距也较大。因此，需要进一步加大对欠发达地区的数字化基础设施建设，强化物流等基础设施，应进一步完善欠发达地区的物流基础设施末端网络，鼓励有条件地区建设面向欠发达地区、贫困乡村地区的共同配送中心等。

第五，通过本书的研究可发现，大市场地区的企业更偏好于产品创新以及试验发展等应用型研究，这往往造成各地区对基础研究投入不足。因此在国家总体层面上，应加大对基础研究的支持力度，而应用型研究与新产品开发则交予市场与企业。

第六，随着旧的创新中心与拥塞效应显现，将导致新中心的生成。同时我国又是经济大国、人口大国，国土空间广阔，因此既可能也应该建设新的创新中心与创造中心。而我国东部地区的北京、上海等超大城市存在过度拥挤，发展中西部与东北地区恰逢其时，要在中西部与东北地区建设一批新的区域创新中心，继而以新中心的建设缩小区域间的创新差异。但新一轮经济发展不能重走东部地区发展老路，不能依赖东部地区落后产能与夕阳产业的转移，而是要走新经济发展之路。同时新中心的建设也不能摊大饼，而是要注重集约化发展。

6.4 本书待改进之处及研究展望

6.4.1 待改进之处

本书第 3 章的格兰杰因果分析与自向量回归分析的时间期限比较短，只有 18 年时间序列的小样本，难以进行预测方差分解及绘制脉冲响应图。

未对数理模型进行仿真模拟分析，数理模型的探讨不够细致。

未深入分析政府力量、市场力量与技术力量的动态变化对创新投入、创新产出差异的影响程度。

未探讨劳动力、政府与企业的创新动机、激励等问题。

同时有必要指出，尽管人们已经达成创新共识，但要付诸于创新实践与创新行动依然需要一段很长的历程。因为创新也会带来失败，因失败而带来创新的受挫感，周边人群会对创新成果不理解，乃至用异样目光的注视，个体还要有创新的勇气等。从“要我创新”到“我要创新”的转变既需要有个体创新能力的持续性提高，同时也需要有创新环境的塑造，本书只论证其中一部分重要因素。

6.4.2 研究展望

创新投入中的市场力量与政府力量此消彼长，这种此消彼长的关系将如何改变创新地理？进一步地，在创新地理的改变过程中，政府力量与市场力量分别起到多大的作用？

对本书研究中的数理模型可进行进一步探讨。如随着研发人员的增长、互联网技术的发展、交易成本的降低，通过市场潜力函数、研发人员的工资函数刻画多个创新中心的演化过程。

需进一步研究各地区创新效率的差异。由第 3 章可观察到人均创新投入与人均创新产出的基尼系数曲线变动趋势在 2009 年前后变得不一致，在 2009 年之前两者变动趋势方向相反，而自 2009 年特别是 2011 年以来两者呈同向运动，因此需要探寻其中的原因，而创新效率是影响两者方向趋同与背离的重要因素。

对互联网等新技术的力量改变创新地理格局仍需做进一步深入分析。特别是我国新一代人工智能、大数据、云计算、移动互联网、物联网、5G 等信息技术正在蓬勃发展，以之为技术基础的虚拟集聚构成了新的产业组织空间形式（王如玉、梁琦等，2018），而第四次工业革命正处于黎明前夜，新技术无疑将给我国区域经济发展带来深远影响。因此这需要进一步深化改革开放，而未来经济增长的动力主要来源于中部、西部与东北地区，特别是在新一轮经济增长过程中，如 2018 年上半年我国东部省份广东、北京、上海等地的经济增长动能有所减弱，而中西部省份贵州、西藏、江西、陕西等省份的经济增长动能依然较强，新一轮经济增长格局有助于我国效率与地区经济发展平衡的统一。那么这些地区能否抓住新技术的发展机遇，能否在以新一代人工智能发展为特征的第四次工业革命前夕激流勇进，依然值得观察与期待。

参考文献

[1] 埃尔霍斯特．空间计量经济学：从横截面数据到空间面板 [M]．肖光恩译．北京：中国人民大学出版社，2015.

[2] 白俊红．企业规模、市场结构与创新效率——来自高技术产业的经验证据 [J]．中国经济问题，2011 (5)：65-78.

[3] 白俊红，蒋伏心．协同创新、空间关联与区域创新绩效 [J]．经济研究，2015 (7)：174-187.

[4] 陈林，朱卫平．创新、市场结构与行政进入壁垒——基于中国工业企业数据的熊彼特假说实证检验 [J]．经济学（季刊），2011，10 (1)：653-674.

[5] 戴平生．区位基尼系数的计算、性质及其应用 [J]．数量经济技术经济研究，2015 (7)：149-160.

[6] 傅勇，张晏．中国式分权与财政支出结构偏向：为增长而竞争的代价 [J]．管理世界，2007 (3)：4-12.

[7] 傅勇．财政分权、政府治理与非经济性公共物品供给 [J]．经济研究，2010 (8)：4-15.

[8] 胡鞍钢，周绍杰，鲁钰锋等．重塑中国经济地理：从 1.0 版到 4.0 版 [J]．经济地理，2015，35 (12)：1-10.

[9] 黄涛，胡宜国，胡宜朝．地区人均 GDP 分布的基尼系数分析 [J]．管理世界，2006 (5)：45-51.

[10] 凯文．阿什顿（Kevin Ashton）．被误读的创新 [M]．玉叶译．北京：中信出版集团，2017.

[11] 拉尔斯·彼得·汉森，托马斯·J. 萨金特．理性预期计量经济学 [M]．北京：中国人民大学出版社，2016.

[12] 李婧，谭清美，白俊红．中国区域创新生产的空间计量分析——基于静态与动态空间面板模型的实证研究 [J]．管理世界，2010 (7)：43-55.

[13] 梁琦．中国工业的区位基尼系数——兼论外商直接投资对制造业集

聚的影响［J］. 统计研究，2003，20（9）：21-25.

［14］梁琦 . 产业集聚论［M］. 北京：商务印书馆，2004.

［15］梁琦 . 分工、集聚与增长［M］. 北京：商务印书馆，2009.

［16］梁琦 . 新时代优秀企业家要有科学精神［EB/OL］. http：//sp. ycwb. com/2017-11/13/content_25676965. htm，2017-11-13.

［17］刘修岩 . 空间效率与区域平衡：对中国省级层面集聚效应的检验［J］. 世界经济，2014（1）：55-80.

［18］罗能生，谢里，谭真勇 . 产业集聚与经济增长关系研究新进展［J］. 经济学动态，2009（3）：117-121.

［19］马歇尔 . 经济学原理［M］. 朱志泰，陈良璧译 . 北京：商务印书馆，2009.

［20］莫伊塞斯·纳伊姆 . 权力的终结：权力正在失去，世界如何运转［M］. 王吉美，牛晓萌译 . 北京：中信出版社，2013.

［21］潘镇，金中坤，徐伟 . 财政分权背景下地方政府科技支出行为研究［J］. 上海经济研究，2013（1）：34-45.

［22］蒲业潇 . 理解区位基尼系数：局限性与基准分布的选择［J］. 统计研究，2011，28（9）：101-109.

［23］乔治·吉尔德 . 知识与权力［M］. 蒋宗强译 . 北京：中信出版社，2015.

［24］盛来运，郑鑫，周平，李拓 . 我国经济发展南北差距扩大的原因分析［J］. 管理世界，2018（9）：16-24.

［25］孙瑜康，孙铁山，席强敏 . 北京市创新集聚的影响因素及其空间溢出效应［J］. 地理研究，2017，36（12）：2419-2431.

［26］谭成文 . 经济增长与集聚：新经济增长和新经济地理的理论探索［M］. 北京：商务印书馆，2009.

［27］陶长琪，彭永樟 . 制度邻近下知识势能对区域技术创新效率的空间溢出效应［J］. 当代财经，2018（2）：15-25.

［28］蒂姆·哈福德（Tim Harford）. 混乱——如何成为失控时代的掌控者［M］. 侯奕茜译 . 北京：中信出版社，2018.

［29］王春杨，吴国誉 . 研发资源配置、溢出效应与中国省域创新空间格局［J］. 研究与发展管理，2018，30（1）：106-114.

［30］王如玉，梁琦，李广乾 . 虚拟集聚：新一代信息技术与实体经济深

度融合的空间组织新形态［J］. 管理世界，2018（2）：13-21.

［31］王如玉. 集聚理论的演进：城市层级、金融集聚与虚拟集聚［D］. 中山大学博士论文，2018.

［32］王永钦，张晏，章元等. 中国的大国发展道路——论分权式改革的得失［J］. 经济研究，2007（1）：4-16.

［33］王志高，王如玉，梁琦. 企业创新成功率与城市规模［J］. 统计研究，2016，33（7）：55-63.

［34］温军，冯根福. 异质机构、企业性质与自主创新［J］. 经济研究，2012（3）：53-64.

［35］吴友，刘乃全. 不同所有制企业创新的空间溢出效应［J］. 经济管理，2016（11）：45-59.

［36］吴玉鸣. 空间计量经济模型在省域研发与创新中的应用研究［J］. 数量经济技术经济研究，2006，23（5）：74-85.

［37］徐康宁，冯伟. 基于本土市场规模的内生化产业升级：技术创新的第三条道路［J］. 中国工业经济，2010（11）：58-67.

［38］姚洋，杨雷. 制度供给失衡和中国财政分权的后果［J］. 战略与管理，2003（3）：27-33.

［39］姚洋，郑东雅. 重工业与经济发展：计划经济时代再考察［J］. 经济研究，2008（4）：26-40.

［40］叶祥松，刘敬. 异质性研发、政府支持与中国科技创新困境［J］. 经济研究，2018（9）：116-132.

［41］于长革. 中国式财政分权与公共服务供给的机理分析［J］. 财经问题研究，2008，29（11）：84-89.

［42］约瑟夫·熊彼特. 经济发展理论［M］. 张培刚译. 北京：商务印书馆，2009.

［43］约瑟夫·熊彼特. 资本主义、社会主义与民主［M］. 吴良健译. 北京：商务印书馆，1999.

［44］余泳泽，刘大勇. 我国区域创新效率的空间溢出效应与价值链外溢效应——创新价值链视角下的多维空间面板模型研究［J］. 管理世界，2013（7）：6-20.

［45］赵凯. R&D 成本内生化及政府补贴政策效应研究——基于新经济地理框架［J］. 科学学与科学技术管理，2016，37（2）：42-52.

[46] 张海洋，史晋川．中国省际工业新产品技术效率研究 [J]. 经济研究，2011 (1)：83-96.

[47] 张海洋，金则杨．中国工业 TFP 的新产品动能变化研究 [J]. 经济研究，2017 (9)：72-85.

[48] 张军．不为公众所知的改革：一位经济学家的改革记述 [M]. 北京：中信出版社，2010.

[49] 张玉明，李凯．省际区域创新产出的空间相关性研究 [J]. 科学学研究，2008，26 (3)：659-665.

[50] 周克清，刘海二，吴碧英．财政分权对地方科技投入的影响研究 [J]. 财贸经济，2011 (10)：31-37.

[51] 周黎安．中国地方官员的晋升锦标赛模式研究 [J]. 经济研究，2007 (7)：36-50.

[52] 朱有为，徐康宁．中国高技术产业研发效率的实证研究 [J]. 中国工业经济，2006 (11)：38-45.

[53] 庄子银．知识产权、市场结构、模仿和创新 [J]. 经济研究，2009 (11)：95-104.

[54] Abdel-Rahman H M, Norman G, Wang P. Skill Differentiation and Wage Disparity in a Decentralized Matching Model of North-South Trade [J]. Canadian Journal of Economics/Revue Canadienne Déconomique, 2002, 35 (4): 854-878.

[55] Acemoglu D, Cao D. Innovation by Entrants and Incumbents [J]. Journal of Economic Theory, 2015, 157: 255-294.

[56] Acs Z J , Varga A. Geography, Endogenous Growth, and Innovation [J]. International Regional Science Review, 2002, 25 (1): 132-148.

[57] Acs Z J, Anselin L, Varga A. Patents and Innovation Counts as Measures of Regional Production of New Knowledge [J]. Research Policy, 2002, 31 (7): 1069-1085.

[58] Acs Z J, Audretsch D B. Innovation in Large and Small Firms: An Empirical Analysis [J]. American Economic Review, 1988, 78 (4): 678-690.

[59] Adams J D, Jaffe A B. Bounding the Effects of R&D: An Investigation Using Matched Establishment-Firm Data [J]. Rand Journal of Economics, 1996, 27 (4): 700-721.

[60] Aghion P, Howitt P. A Model of Growth Through Creative Destruction

[J]. Econometrica, 1992, 60 (2) : 323-351.

[61] Subramanian A M, Choi Y R, Lee S H, et al. Linking Technological and Educational Level Diversities to Innovation Performance [J]. Journal of Technology Transfer, 2016, 41 (2): 182-204.

[62] Antonelli C, Link A N. Routledge Handbook of the Economics of Knowledge [M]. London: Routledge, 2015.

[63] Arrow K J. Economic Welfare and the Allocation of Resources for Invention [A] //Nelson R (Ed.) . The Rate and Direction of Inventive Activity: Economic and Social Factors [M]. Princeton: Princeton University Press, 1962.

[64] Arzaghi M, Henderson J V. Networking off Madison Avenue [J]. Review of Economic Studies, 2008, 75 (4): 1011-1038.

[65] Athey S, Schmutzler A. Product and Process Flexibility in an Innovative Environment [J]. Rand Journal of Economics, 1995, 26 (4): 557-574.

[66] Auerbach F. Das Gesetz der Belvolkerungskoncentration [J]. Petermanns Geographische Mittlungen, 2007 (59) .

[67] Audretsch D B, Stephan P . Company-Scientist Locational Links: The Case of Biotechnology [J]. American Economic Review, 1996, 86 (3): 630-652.

[68] Audretsch D B, Lehmann E E. Does the Knowledge Spillover Theory of Entrepreneurship Hold for Regions? [J] . Research Policy, 2005, 34 (8): 1191-1202.

[69] Baldwin R, Forslid R, Martin P, et al. Economic Geography and Public Policy [M]. Princeton: Princeton University Press, 2003.

[70] Baldwin R E, Martin P, Ottaviano G I P. Global Income Divergence, Trade, and Industrialization: The Geography of Growth Take-Offs [J] . Journal of Economic Growth, 2001, 6 (1): 5-37.

[71] Baldwin R E, Forslid R. The Core-Periphery Model and Endogenous Growth: Stabilizing and Destabilizing Integration [J]. Economica, 2000, 67 (267): 307-324.

[72] Baldwin R E, Okubo T. Heterogeneous firms, Agglomeration and Economic Geography: Spatial Selection and Sorting [J]. Journal of Economic Geography, 2006 (6): 323-346.

[73] Baldwin J R, Gu W. The Impact of Trade on Plant Scale, Production-Run Length and Diversification [A] //Dunne T, Jensen J B, Roberts M J

(Eds.). Producer Dynamics: New Evidence from Micro Data [M]. Chicago: University of Chicago Press , 2009.

[74] Barro R J, Sala-I-Martin X. Convergence Across States and Regions [J]. Brookings Papers on Economic Activity, 1991, (1): 107-182.

[75] Barro R J, Sala-I-Martin X. Economic Growth [M]. New York: Mc Graw-Hill, 1995.

[76] Berliant M, Fujita M. Culture and Diversity in Knowledge Creation [J]. Regional Science and Urban Economics, 2012, 42 (4): 648-662.

[77] Bernard A, Durlauf S. Convergence in International Output [J] . Journal of Application Econometrics, 1995, 10 (2): 97-108.

[78] Bernstein J I. Costs of Production, Intra-and Interindustry R&D Spillovers: Canadian Evidence [J]. Canadian Journal of Economics, 1988, 21 (2): 324-347.

[79] Bertola G. Models of Economic Integration and Localized Growth [A] //Torres F and Giavazzi F (Eds.) . Adjustment and Growth in the European Monetary union [M]. Cambridge: Cambridge University Press, 1993.

[80] Bettencourt L M A, Lobo J, Strumsky D. Invention in the City: Increasing Returns to Patenting As a Scaling Function of Metropolitan Size [J] . Research Policy, 2007, 36 (1): 107-120.

[81] Billings S B, Johnson E B. Agglomeration Within an Urban Area [J]. Journal of Urban Economics, 2016, 91: 13-25.

[82] Bosker M, Brakman S, Garretsen H, et al. Adding Geography to the New Economic Geography: Bridging the Gap Between Theory and Empirics [J]. Journal of Economic Geography, 2010, 10 (6): 793-823.

[83] Bottazzi L, Peri G. Innovation and Spillovers in Regions: Evidence from European Patent Data [J]. European Economic Review, 2003, 47 (4): 687-710.

[84] Brakman S, Garretsen H, Marrewijk C V, et al. The Return of Zipf: Towards a Further Understanding of the Rank-Size Distribution [J]. Journal of Regional Science, 1999, 39 (1): 183-213.

[85] Brakman S, Garretsen H, Marrewijk C V. An Introduction to Geographical Economics [M]. Cambridge and New York: Cambridge University Press, 2001.

[86] Branstetter L G, Glennon B M, Jensen J B. The IT Revolution and the

Globalization of R&D [R]. NBER Working Paper No. 24707, 2018.

[87] Brodzicki T. The Role of Openness in Economic Growth of Regions. The Perspectives of Economic Growth and New Economic Geography Theory and Empirics [R]. Working Papers, 2018.

[88] Bond-Smith S, Mccann P. Incorporating Space in the Theory of Endogenous Growth: Contributions from the New Economic Geography [A] //Fischer M M and Peter N (Eds.) . Handbook of Regional Science [M]. Berlin Heidelberg: Springer-Verlag, 2014.

[89] Bustos P. Trade Liberalization, Exports, and Technology Upgrading: Evidence on the Impact of MERCOSUR on Argentinian Firms [J]. The American Economic Review, 2011, 101 (1): 304-340.

[90] Buzard K, Carlino G. The geography of Research and Development Activity in the U. S [A] //Giarratani F, Hewings G, McCann P (Eds.) . Handbook of Economic Geography and Industry Studies [M]. London: Edward Elgar, 2013.

[91] Capello R, Lenzi C. Spatial Heterogeneity in Knowledge, Innovation, and Economic Growth Nexus: Conceptual Reflections and Empirical Evidence [J]. Journal of Regional Science, 2014, 54 (2): 186-214.

[92] Careaga M, Weingast B R. Fiscal Federalism, Good Governance, and Economic Growth in Mexico [A] //Rodrik D (Ed.) . In search of prosperity: Analytic Narratives on Economic Growth [M]. Princeton: Princeton University Press, 2003.

[93] Carlino G A, Chatterjee S, Hunt R. Knowledge Spillovers and the New Economy of Cities [R]. Federal Reserve Bank of Philadelphia Working Paper NO. 01-14, 2001.

[94] Ceh B. Regional Innovation Potential in the United States: Evidence of Spatial Transformation [J]. Papers in Regional Science, 2001, 80 (3): 297-316.

[95] Cerina F, Mureddu F. Agglomeration and Growth with Endogenous Expenditure Shares [J]. Journal of Regional Science, 2012, 52 (2): 324-360.

[96] Cerina F, Mureddu F. Structural Change and Growth in a NEG Model [J]. Review of Development Economics, 2013, 17 (2): 182-200.

[97] Cerina F, Mureddu F. Is Agglomeration Really, Good for Growth? Global efficiency, Interregional Equity and Uneven Growth [J]. Journal of Urban Economics, 2014, 84 (3): 9-22.

[98] Clegg B, Chandler S, Binder M, et al. Governing Inter-organisational R&D Supplier Collaborations: A Study at Jaguar Land Rover [J]. Production Planning and Control, 2013, 24 (8-9): 818-836.

[99] Cockburn I M, Henderson R, Stern S. The Impact of Artificial Intelligence on Innovation [R]. NBER Working Paper No. 24449, 2018.

[100] Coe D T, Helpman E. International R&D Spillovers [J]. European Economic Review, 1995, 39 (5): 859-887.

[101] Coe D T, Helpman E, Hoffmaister A W. International R&D Spillovers and Institutions [J]. European Economic Review, 2009, 53 (7): 723-741.

[102] Cohen W, Nelson R, Walsh J. Protecting Their Intellectual Assets: Appropriability Conditions and Why U. S. Manufacturing Firms Patent (or not) [R]. NBER Working Paper 7552, 2000.

[103] Crescenzi R, RODRíGUEZ-POSE A. The Geography of Innovation in China and India [J]. International Journal of Urban and Regional Research, 2017, 41 (6): 1010-1027.

[104] Criscuolo C, Martin R, Overman H G, et al. The Causal Effects of an Industrial Policy [R]. NBER Working Paper 17842, 2012.

[105] Davis C, Hashimoto K I. Industry Concentration, Knowledge Diffusion and Economic Growth Without Scale Effects [J]. Economica, 2015, 82 (328): 769-789.

[106] Davis C, Hashimoto K. Innovation and Manufacturing Off Shoring with Fully Endogenous Productivity Growth [R]. Discussion Papers, 2016.

[107] Denicolò V, Zanchettin P. Leadership Cycles in a Quality-Ladder Model of Endogenous Growth [J]. Economic Journal, 2012, 122 (561): 618-650.

[108] Desmet K, Greif A, Parente S. Spatial Competition, Innovation and Institutions: The Industrial Revolution and the Great Divergence [R]. NBER Working Paper No. 24727, 2018.

[109] Dhingra S. Trading Away Wide Brands for Cheap Brands [J]. American Economic Review, 2013, 103 (6): 2554-2584.

[110] Dixit A E, Stiglitz J E. Monopolistic Competition and Optimum Product Diversity [J]. American Economic Review, 1977, 67 (3): 297-308.

[111] Döring T, Schnellenbach J. What Do We Know About Geographical Knowledge Spillovers and Regional Growth? A Survey of the Literature [J]. Regional Studies, 2006, 40 (3), 375-395.

[112] Duranton G. Urban Evolutions: The Fast, the Slow, and the Still [J]. American Economic Review, 2007, 97 (1): 197-221.

[113] Dushnitsky G, Lenox M J. When Does Corporate Venture Capital Investment Create Firm Value? [J] . Journal of Business Venturing, 2006, 21 (6): 753-772.

[114] Eaton J, Kortum S. Trade in Ideas Patenting and Productivity in the OECD [J]. Journal of International Economics, 1996, 40 (3-4): 251-278.

[115] Eaton J, Kortum S. International Technology Diffusion: Theory and Measurement [J]. International Economic Review, 2010, 40 (3): 537-570.

[116] Eberhardt M, Helmers C, Strauss H. Do Spillovers Matter When Estimating Private Returns to R&D? [J]. Review of Economics and Statistics, 2013, 95 (2): 436-448.

[117] Eeckhout J. Gibrat' s Law for (All) Cities [J]. American Economic Review, 2004, 94 (5): 1429-1451.

[118] Ellison G, Glaeser E L, Kerr W R. What Causes Industry Agglomeration? Evidence from Coagglomeration Patterns [J] . American Economic Review, 2010, 100 (3): 1195-1213.

[119] Ellison G, Glaeser E L. Geographic Concentration in U. S. Manufacturing Industries: A Dartboard Approach [J]. Journal of Political Economy, 1997, 105 (105): 889-927.

[120] Engel D, Keilbach M. Firm-level Implications of Early Stage Venture Capital Investment—An Empirical Investigation [J]. Journal of Empirical Finance, 2007, 14 (2): 150-167.

[121] Englmann F C, Walz U. Industrial Centers and Regional Growth in the Presence of Local Inputs [J]. Journal of Regional Science, 1995, 35 (1): 3-27.

[122] Eswaran M, Gallini N. Patent Policy and the Direction of Technological Change [J]. Rand Journal of Economics, 1996, 27 (4): 722-746.

[123] Ezzahid E, Elhamdani O. Zipf' s Law in the Case of Moroccan Cities [J]. Review of Urban and Regional Development Studies, 2015, 27 (2): 118-133.

[124] Fallick B, Fleischman C A, Rebitzer J B. Job-Hopping in Silicon Valley: Some Evidence Concerning the Microfoundations of a High-Technology Cluster [J]. Review of Economics and Statistics, 2006, 88 (3): 472-481.

[125] Feldman M P. The Geography of Innovation [M]. Boston: Kluwer Academic, 1994 .

[126] Feldman M P, Audretsch D B. Innovation in Cities: Science-based Diversity, Specialization and Localized Competition [J]. European Economic Review, 1999, 43 (2): 409-429.

[127] Fischer M M, Varga A. Spatial Knowledge Spillovers and University Research: Evidence from Austria [J]. Annals of Regional Science, 2003, 37 (2): 303-322.

[128] Freedman M L. Job Hopping, Earnings Dynamics, and Industrial Agglomeration in the Software Publishing Industry [J]. Journal of Urban Economics, 2008, 64 (3): 590-600.

[129] Fujita M, Thisse J F. Does Geographical Agglomeration Foster Economic Growth? And Who Gains and Loses from It? [J]. Japanese Economic Review, 2003, 54 (2): 121-145.

[130] Furman J L, Porter M E, Stern S. The Determinants of National Innovative Capacity [J]. Research Policy, 2002, 31 (6): 899-933.

[131] Gabaix X. Zipf' s Law and the Growth of Cities [J]. American Economic Review, 1999, 89 (2): 129-132.

[132] Gertner J. The Idea Factory [M]. New York: The Penguin Press, 2012.

[133] Gardiner B, Martin R, Tyler P. Does Spatial Agglomeration Increase National Growth? Some Evidence From Europe [J]. Journal of Economic Geography, 2011, 11 (6): 979-1006.

[134] Gibbons S, Overman H G. Mostly Pointless Spatial Econometrics? [J]. Journal of Regional Science, 2012, 52 (2): 172-191.

[135] Giesen K, Zimmermann A, Suedekum J. The Size Distribution Across All cities-Double Pareto Lognormal Strikes [J]. Journal of Urban Economics, 2010, 68 (2): 129-137.

[136] Glaeser E L, Kallal H D, Scheinkman J A, et al. Growth in Cities [J] . Journal of Political Economy, 1992, 100 (6): 1126-1152.

[137] Gompers P, Lerner J, Scharfstein D. Entrepreneurial Spawning: Public Corporations and the Genesis of New Ventures, 1986 to 1999 [J]. Journal of Finance, 2005, 60 (2): 577-614.

[138] Griliches Z. Issues in Assessing the Contribution of Research and Development to Productivity Growth [J]. Bell Journal of Economics, 1979, 10 (1): 92-116.

[139] Griliches Z. Sibling Models and Data in Economics: Beginnings of a Survey [J]. Journal of Political Economy, 1979, 87 (5): 37-64.

[140] Griliches Z. The Search for R&D Spillovers [J]. Nber Chapters, 1992, 94 (94): 29-47.

[141] Grossman G M, Helpman E. Quality Ladders in the Theory of Growth [J]. Review of Economic Studies, 1991a, 58 (1): 43-61.

[142] Grossman G M, Helpman E. Quality Ladders and Product Cycles [J]. Quarterly Journal of Economics, 1991b, 106 (2): 557-586.

[143] Grossman G M, Helpman E. Trade, Knowledge Spillovers, and Growth [J]. European Economic Review, 1991c, 35 (2-3): 517-526.

[144] Grossman G M, Helpman E. Innovation and Growth in the Global Economy [M]. Cambridge: MIT Press, 1991d.

[145] Guastella G, Timpano F. Knowledge, Innovation, Agglomeration and Regional Convergence in the EU: Motivating Place-Based Regional Intervention [J] . Review of Regional Research, 2016, 36 (2): 121-143.

[146] Guo D, Jiang K. Venture Capital Investment and the Performance of Entrepreneurial Firms: Evidence from China [J]. Journal of Corporate Finance, 2013, 22 (3): 375-395.

[147] Harhoff D, Narin F, Scherer F M, et al. Citation Frequency and the Value of Patented Inventions [J]. Review of Economics and Statistics, 1999, 81 (3): 511-515.

[148] Hicks D, Breitzman T, Olivastro D, Hamilton K. The Changing Composition of Innovative Activity in The US-A Portrait Based on Patent Analysis [J]. Research Policy, 2001, 30: 681-703.

[149] Hippel E A V. People Don't Need a Profit Motive to Innovate [J]. Harvard Business Review, 2011, 89 (11): 36-37.

[150] Iacovone L, Javorcik B S. Multi-Product Exporters: Product Churning, Uncertainty and Export Discoveries [J] . Economic Journal, 2010, 120 (544): 481-499.

[151] Iammarino S. An Evolutionary Integrated View of Regional Systems of Innovation: Concepts, Measures and Historical Perspectives [J]. European Planning Studies, 2005, 13 (4): 497-519.

[152] Jaffe A B. Technological Opportunity and Spillovers of R&D: Evidence from Firms' Patents, Profits, and Market Value [J]. American Economic Review, 1986, 76 (5): 984-1001.

[153] Jaffe A B. Real Effects of Academic Research [J]. American Economic Review, 1989, 79 (5): 957-970.

[154] Jaffe A B, Trajtenberg M, Henderson R. Geographic Localization of Knowledge Spillovers as Evidenced by Patent Citations [J]. Quarterly Journal of Economics, 1993, 108 (3): 577-598.

[155] Jaffe A B, Trajtenberg M. International Knowledge Flows: Evidence From Patent Citations [J]. Economics of Innovation and New Technology, 1999, 8 (1-2): 105-136.

[156] Jaffe A B, Trajtenberg M, Fogarty M. S. Knowledge Spillovers and Patent Citations: Evidence from a Survey of Inventors [J] . American Economic Review, 2000, 90 (2) : 215-218.

[157] Jin H, Qian Y, Weingast B R. Regional Decentralization and Fiscal Incentives: Federalism, Chinese style [J] . Journal of Public Economics, 2005, 89 (9): 1719-1742.

[158] Johnson D K N, Brown A. How the West Has Won: Regional and Industrial Inversion in U. S. Patent Activity [J]. Economic Geography, 2004, 80 (3): 241-260.

[159] Jones C I. R&D-Based Models of Economic Growth. [J]. Journal of Political Economy, 1995, 103 (4): 759-784.

[160] Keller W. Geographic Localization of International Technology Diffusion [J]. American Economic Review, 2002, 92 (1): 120-142.

[161] Kerr W R. Breakthrough Inventions and Migrating Clusters of Innovation [J]. Journal of Urban Economics, 2010, 67 (1): 46-60.

[162] Keuschnigg C. Venture Capital Backed Growth [J]. Journal of Economic Growth, 2004, 9 (2): 239-261.

[163] Kleis L, Chwelos P, Ramirez R V, et al. Information Technology and Intangible Output: The impact of IT Investment on Innovation Productivity [J]. Information Systems Research, 2012, 23 (1): 42-59.

[164] Klepper S. The Origin and Growth of Industry Clusters: The Making of Silicon Valley and Detroit [J] . Journal of Urban Economics, 2010, 67 (1): 15-32.

[165] Kortum S, Lerner J. Assessing the Contribution of Venture Capital to Innovation [J]. Rand Journal of Economics, 2000, 31 (4): 674-692.

[166] Krugman P . Increasing Returns, Monopolistic Competition, and International Trade [J]. Journal of International Economics, 1979, 9 (4): 469-479.

[167] Krugman P. Scale Economies, Product Differentiation, and the Pattern of Trade [J]. American Economic Review, 1980, 70 (5): 950-959.

[168] Krugman P. Increasing Returns and Economic Geography [J] . Journal of Political Economy, 1991a, 99 (3): 483-499.

[169] Krugman P. Geography and Trade [M]. Cambridge, MA: MIT Press, 1991b .

[170] Krugman P. The New Economic Geography, Now Middle-aged [J]. Regional Studies, 2011, 45 (1): 1-7.

[171] Lamoreaux N R, Levenstein M, Sokoloff K L. Financing Invention During the Second Industrial Revolution: Cleveland, Ohio, 1870-1920 [J]. Financing Entrepreneurship, 2008: 473-518.

[172] Lerner J. Boulevard of Broken Dreams: Why Public Efforts to Boost Entrepreneurship and Venture Capital Have Failed-And What To Do About it [M]. Princeton: Princeton University Press, 2009.

[173] Lhuillery S, Pfister E. R&D Cooperation and Failures in Innovation Projects: Empirical Evidence from French CIS data [J]. Research Policy, 2009, 38 (1): 45-57.

[174] Li X. China' s Regional Innovation Capacity in Transition: An Empiri-

cal Approach [J]. Research Policy, 2009, 38 (2): 338-357.

[175] Liu C C. A Spatial Ecology of Structure Holes: Scientists and Communication at a Biotechnology Firm [J]. Academy of Management Annual Meeting Proceedings, 2010, (1): 1-6.

[176] Loecker J D, Eeckhout J. Global Market Power [R]. NBER Working Paper No. 24768, 2018.

[177] Lucas R E. On the Mechanics of Economic Development [J]. Journal of Monetary Economics, 1988, 22 (1): 3-42.

[178] Ma Y, Pang C, Chen H, et al. Interdisciplinary Cooperation and Knowledge Creation Quality: A Perspective of Recombinatory Search [J]. Systems Research and Behavioral Science, 2014, 31 (1): 115-126.

[179] Martin P, Ottaviano G I P. Growing Locations: Industry Location in a Model of Endogenous Growth [J]. European Economic Review, 1999, 43 (2): 281-302.

[180] Martin P. Public Policies, Regional Inequalities and Growth [J]. Journal of Public Economics, 1999, 73 (1): 85-105.

[181] Martin P, Ottaviano G I P. Growth and Agglomeration [J]. International Economic Review, 2001, 42 (4): 947-968.

[182] Martin P, Rogers C A. Industrial Location and Public Infrastructure [J] . Journal of International Economics, 1995, 39 (3-4): 335-351.

[183] Mauro L, Podrecca E. The Case of Italian Regions: Convergence or dualism [J]. Economic Notes , 1994, 23 (3): 447-472 .

[184] McCann P. Sketching Out a Model of Innovation, Face-to-face Interaction and Economic Geography [J] . Spatial Economic Analysis, 2007, 2 (2): 117-134.

[185] Minniti A, Parello C P. Trade Integration and Regional Disparity in a Model of Scale - invariant growth [J]. Regional Science and Urban Economics, 2011, 41 (1): 20-31.

[186] Mohnen P, Polder M, Leeuwen G V. ICT, R&D and Organizational Innovation: Exploring Complementarities in Investment and Production [R]. NBER Working Paper No. 25044, 2018.

[187] Montmartin B, Massard N. Is Financial Support for Private R&D always

Justified? A Discussion Based on the Literature on Growth [J]. Journal of Economic Surveys, 2015, 29 (3): 479-505.

[188] Montmartin B. Centralized R&D Subsidy Policy in an NEGG Model: A Welfare Analysis [J]. Louvain Economic Review, 2013, 79 (1): 5-34.

[189] Mowery D, Rosenberg N. The Influence of Market Demandupon Innovation: A Crucial Review of Some Recent Empirical Studies [J]. Research Policy, 1979 (8): 102-153.

[190] Murata Y, Nakajima R, Okamoto R, et al. Localized Knowledge Spillovers and Patent Citations: A Distance-based Approach [J]. Review of Economics and Statistics. 2014, 96 (5): 967-985.

[191] Musgrave R A. Public Finance in Theory and Practice: A Study in Public Economy [M]. New York: Mc Graw-Hill, 1959.

[192] Nelson R R, Phelps E S. Investment in Humans, Technological Diffusion, and Economic Growth [J]. American Economic Review, 1966, 56 (1-2): 69-75.

[193] Nelson R R. National Innovation Systems: A Comparative Analysis [M] . New York: Oxford University Press, 1993.

[194] Oates W E. The Effects of Property Taxes and Local Public Spending on Property Values: An Empirical Study of Tax Capitalization and the Tiebout Hypothesis [J]. Journal of Political Economy, 1969, 77 (6): 957-971.

[195] Oates W E. Fiscal Federalism [M]. New York: Harcourt Brace, 1972.

[196] Oates W E. An Essay on Fiscal Federalism [J]. Journal of Economic Literature, 1999, 37 (3): 1120-1149.

[197] OECD/Eurostat. Oslo Manual: Guidelines for Collecting and Interpreting Innovation Data, 3rd Edition [M]. Paris: OECD Publishing, 2005.

[198] Orlando M J. Measuring Spillovers from Industrial R&D: On the Importance of Geographic and Technological Proximity [J]. Rand Journal of Economics, 2004, 35 (4): 777-786.

[199] Olson G, Olson J. Mitigating the Effects of Distance on Collaborative Intellectual Work [J]. Economics of Innovation and New Technology, 2003, 12 (1): 27-42.

[200] Ornaghi C. Spillovers in Product and Process Innovation: Evidence

from Manufacturing Firms [J]. International Journal of Industrial Organization, 2006, 24 (2): 349-380.

[201] Owen G. From Empire to Europe: The Decline and Revival of British Industry since the Second World War [M]. London: Harper Collins, 1999.

[202] Pagano P. On Productivity Convergence in the European Community Countries: 1950-1988 [J]. Giornale Degli Economisti E Annali Di Economia, 1993, 52 (7-9): 389-401.

[203] Pakes A, Griliches Z. Patents and R&D at the Firm Level: A First Report [J]. Economics Letters, 1980, 5 (4): 377-381.

[204] Parrotta P, Pozzoli D, Pytlikova M. The Nexus Between Labor Diversity and Firm's Innovation [J]. Journal of Population Economics, 2014, 27 (2): 303-364.

[205] Pellegrino G, Piva M, Vivarelli M. Young Firms and Innovation: A Microeconometric Analysis [J]. Structural Change & Economic Dynamics, 2012, 23 (4): 329-340.

[206] Peretto P F. Sunk Costs, Market Structure, and Growth [J]. International Economic Review, 1996, 37 (4): 895-923.

[207] Pred A R, The Spatial Dynamics of U.S. Urban Industrial Growth, 1800-1914 [M]. Cambridge: Harvard University Press, 1996.

[208] Prevezer M. The Dynamics of Industrial Clustering in Biotechnology [J]. Small Business Economics, 1997, 9 (3): 255-271.

[209] Qian Y, Weingast B R. Federalism as a Commitment to Perserving Market Incentives [J]. Journal of Economic Perspectives, 1997, 11 (4): 83-92.

[210] Rebelo S. Long-Run Policy Analysis and Long-Run Growth [J]. Journal of Political Economy, 1991, 99 (3): 500-521.

[211] Rigby D L, Essletzbichler J. Technological Variety, Technological Change and a Geography of Production Techniques [J]. Journal of Economic Geography, 2006, 6 (6): 45-70.

[212] Roberts T, Mcgreevy P, Valenzuela M. Human Capital, Graduate Migration and Innovation in British Regions [J]. Cambridge Journal of Economics, 2009, 33 (2): 317-334.

[213] Romalis J. Market Access, Openness and Growth [R]. NBER Working

Paper No. 13048, 2007.

[214] Romer P M. Increasing Returns and Long-Run Growth [J]. Journal of Political Economy, 1986, 94 (5): 1002-1037.

[215] Romer P M. Endogenous Technical Change [J]. Journal of Political Economy, 1990, 98 (5): 71-102.

[216] Rosen K T, Resnick M. The Size Distribution of Cities: An Examination of the Pareto Law and Primacy [J] . Journal of Urban Economics, 1980, 8 (2): 165-186.

[217] Rosenthal S S, Strange W C. The Determinants of Agglomeration [J]. Journal of Urban Economics, 2001, 50 (2): 191-229.

[218] Saxenian A. Regional Advantage: Culture and Competition in Silicon Valley and Route 128 [M]. Cambridge, MA: Harvard University Press, 1994.

[219] Scandura A. University-industry Collaboration and Firms' R&D Effort [J]. Research Policy, 2016, 45 (9): 1907-1922.

[220] Scotchmer S. Standing on the Shoulders of Giants: Cumulative Research and the Patent Law [J]. Journal of Economic Perspectives, 1991, 5 (1): 29-41.

[221] Segerstrom P S, Anant T C A, Dinopoulos E. A Schumpeterian Model of the Product Life Cycle [J]. American Economic Review, 1990, 80 (5): 1077-1091.

[222] Serrano C J. The Dynamics of the Transfer and Renewal of Patents [J]. Rand Journal of Economics, 2010, 41 (4): 686-708.

[223] Sims C A. Macroeconomics and Reality [J]. Econometrica, 1980, 48 (1): 1-48.

[224] Soh P H, Subramanian A M. When do Firms Benefit from University-industry R&D Collaborations? The Implications of Firm R&D Focus on Scientific Research and Technological Recombination [J]. Journal of Business Venturing, 2014, 29 (6): 807-821.

[225] Soo K T. Zipf' s Law for Cities: A Cross-country Investigation [J]. Regional Science and Urban Economics, 2005, 35 (3): 239-263.

[226] Sørensen A. R&D Subsidies and the Surplus Appropriability Problem [J]. The B. E. Journals in Macroeconomics: Topics in Macroeconomics, 2006, 6

(2): 1-27.

[227] Steger T M. Welfare Implications of Non-scale R&D-based Growth Models [J]. Scandinavian Journal of Economics, 2010, 107 (4): 737-757.

[228] Samuelson P A. The Transfer Problem and Transport Costs, II: Analysis of Effects of Trade Impediments [J]. Economic Journal, 1954, 64 (254): 264-289.

[229] Sutton J. Gibrat' s Legacy [J]. Journal of Economic Literature, 1997, 35 (1): 40-59.

[230] Tavassoli S, Carbonara N. The Role of Knowledge Variety and Intensity for Regional Innovation [J]. Small Business Economics, 2014, 43 (2): 493-509.

[231] Tiebout C M. A Pure Theory of Local Expenditures [J]. Journal of Political Economy, 1956, 64 (5): 416-424.

[232] Todo Y, Matous P, Inoue H. The Strength of Long Ties and the Weakness of Strong Ties: Knowledge Diffusion Through Supply Chain Networks [J]. Research Policy, 2016, 45 (9): 1890-1906.

[233] Un C A, Rodríguez A. Local and Global Knowledge Complementarity: R&D Collaborations and Innovation of Foreign and Domestic Firms [J]. Journal of International Management, 2018, 24 (2): 137-152.

[234] Venables A J. Equilibrium Locations of Vertically Linked Industries [J]. International Economic review, 1996, 37 (2): 341-359.

[235] Wang E C, Huang W. Relative Efficiency of R&D Activities: A Cross-country Study Accounting for Environmental Factors in the DEA Approach [J]. Research Policy, 2007, 36 (2): 260-273.

[236] Wilson D J. Begger Thy Neighbor? The In-State, Out-Of-State, and Aggregate Effects of R&D Tax Credits [J]. Review of Economics and Statistics, 2009, 91 (2): 431-436.

[237] Williamson J G. Regional Inequality and the Process of National Development: A Description of the Patterns [J]. Economic Development & Cultural Change, 1965, 13 (4): 1-84.

[238] Yagi T. Knowledge Creation by Consumers and Optimal Strategies of Firms [J]. Journal of the Knowledge Economy, 2014, 5 (3): 585-596.

[239] Zhang T, Zou H F. Fiscal Decentralization, Public Spending, and Economic Growth in China [J] . Journal of Public Economics, 1998, 67 (2): 221-240.

[240] Zucker L G, Darby M R, Brewer M B. Intellectual Human Capital and the Birth of U. S. Biotechnology Enterprises [J]. American Economic Review, 1998, 88 (1): 290-306.

后 记

本书是一本有关创新驱动发展过程中区域协调的著作，这一想法始于国家的精准扶贫战略。本人了解与观察湖南省湘西土家族苗族自治州等贫困地区的发展历程，在不断学习的过程中，认为要对贫困地区引入新的人力资本、新的生产方式、新的产品与新的市场，以扶贫领域的常用词描述则是产业扶贫、就业扶贫、教育扶贫、电商扶贫、健康扶贫、驻村工作队等。就贫困地区而言，国家“扶”的过程即是引入新要素的过程。推而广之，就欠发达地区而言，则仍然需要持续开展招商引资、引技与引智工作，以科技含量高、前景好的大项目引领本地的创新发展。

在此有必要说明本人对“创新”一词的理解，对不同的地区，创新应有不同的意涵。针对北京、上海、广州、深圳等条件优越的城市而言，应做到全球层面从 0 到 1 的技术突破，但对欠发达地区，能够做到全国层面或是地区层面从 0 到 1 的突破，就是好的。对于国家贫困县，若能引入东部沿海等地区的先进制造业，突破原有的生产方式和生活方式，使省内、省外较高水平研发机构与高校的科技资源和科技成果在本地落地，这也是一大突破。创新应具有层次性，小地方做小创新，大地方做大创新，如此，各尽能力，都能为国家发展贡献力量。

因此，既要推动大众创业，万众创新，也要鼓励领军人才、帅才型科学家发挥有效整合科研资源作用在国家关键领域、核心技术等方面重点攻关。在科研资源配置上应做到分合相协调，在区域分布上要体现国家整体性，以政府力量和市场力量共同促进每个区域的创新发展。同时，由于我国具有人口多、地域广的特点，这也决定了我国应具有多个区域创新中心。本书主要对此进行了论述。

本书得以出版，还需要感谢很多的老师、家人与朋友。

首先感谢梁琦教授悉心的指导和倾注的关心！学高者为师，德高者为范，梁琦先生学识渊博，为学生树立了楷模，是学习与创新之典范。古往今来的师缘构建不仅在于教与习，还在于潜移默化、润物无声。研习先生之学问则是仰之弥高、钻之弥坚；听先生传道解惑则如沐春风、心有顿悟。先生将最美好的年华与绝大部分的时间都奉献给了学生与学术，醉心育人，诲人不倦。

感谢与我一路相伴而行的众多同学！

感谢父母的养育与教导，以及对我持续的关爱和难以回报的付出！他们是红色土地上平凡而伟大的父母之一，六十多年日复一日地在田间辛勤劳作、省吃俭用与无私奉献，只因他们对四个子女的深爱。

感谢大哥大姐的大力支持和疼爱！也感谢侄子、侄女、外甥的鼓励！

为回报这一切的善意与美好，唯有努力地成为对他人、对社会有用的人，不断地学习、思考、实践与创造价值！

王志高

2019 年 12 月 1 日